5
파이브

To. _____

5
Where Will You Be Five Years from Today?

Copyright © 2009 Compendium, Inc.

No part of this book may be used or reproduced in any manner whatever without written permission except in the case of brief quotations embodied in critical articles or reviews.

Korean Translation Copyright © 2015 by The Angle Books Co., Ltd.
Korean edition is published by arrangement with Compendium, Inc. through BC Agency, Seoul.

이 책의 한국어판 저작권은 비씨에이전시를 통한 저작권자와의 독점 계약으로 ㈜앵글북스에 있습니다. 저작권법에 의해 한국 내에서 보호를 받는 저작물이므로 무단전재와 복제를 금합니다.

5
파이브

왜 스탠포드는 그들에게 5년 후 미래를 그리게 했는가?

댄 자드라 지음   주민아 옮김

아무리 노력해도 현실은 팍팍하기만 하네요.
사는 게 왜 이렇게 어려울까요?
나만,
이렇게 힘든 걸까요……?

Where Am I?

내가 너무 보잘 것 없어 보여요.
아무도 저를 인정해주지 않는 것 같아요.

Who Am I?

왜 살아야 하는지 알 수가 없어요.
사는 게 너무 공허하고 무의미해요.

Why Do I Live?

쉽게 살려고 해본 적도
과거를 후회하며 산 것도 아닌데
당신에게는
여전히 너무 높기만 한 현실의 벽.

아무리 주위를 둘러봐도
길은 보이지 않고,
때로 세상은
신랄함이나 편견의 희생자로
당신을 몰아간다.

Which is worse, failing or neve
Why are you, you?
What are you most grateful fo
Has your greatest fear ever cor
If not now when?
What is the difference between
In 5 years from now, will
What about the day tha

그러나
기억하라.

모든 것은 괜찮고
모든 것은 당신의 눈앞에
준비되어 있다.

당신은

이미

완벽하다.

You are perfect.

삶에서 일어나는 모든 시험은
당신의 성장을 위해 특별히 주문된 것.
삶이 계획대로 이루어지지 않는다고 해서
그것이 불필요한 것은 아니다.

그 과정을
고통과 혼란으로 받아들일지,
새로운 길을 찾기 위한
과정으로 받아들일지는

오로지 당신의 선택에 달려 있다.

어느 날 사람들은
당신의 꿈을 어리석고
이미 늦은 것이라 부정할지 모른다.
그러나 진정한 삶이란,
생존만이 존재하는 것이 아닌
의미가 존재하는 것.
우리가 '살아간다'라는 것은
자신에게 의미 있는 그 무언가를 하기 위해서다.

용기를 가져라,
솔직한 자신을 마주할 수 있도록.

삶에서 일어나는 모든 방황과 고민은
자기 자신을 모를 때 일어나는 법.
경험도, 그 무엇 하나 이룬 것이 없는 당신이라도
모든 변화는
'나'로부터 시작한다는 것을 잊지 말라.

우리는 지금부터
삶이 던지는 질문들에 답하기 위해
자신의 본질을 찾아가는
여행을 시작한다.

WHAT WILL YOU DO WITH IT?
LIVE YOUR LIFE ON PURPOSE.
CHOOSE YOUR MISSION.
BALANCE IS BEAUTIFUL.
THINK BIG.
SHARE YOUR GOAL SHARE YOUR DREAM.
DO YOU KNOW HOW AMAZING YOU TRULY ARE?
LIFE IS EITHER A DARING ADVENTURE OR NOTHING.
TRUST YOUR CRAZY IDEA.
EVERY DAY MATTERS.
DON'T GO THROUGH LIFE, "GROW" THROUGH LIFE.
MAKE A DIFFERENCE.
HOW DO YOU WANT TO BE REMEMBERED?

단 5년으로, 당신 인생의 전부를 바꿀 수 있다면? **19**

삶의 최고 가치를 선택하라 **27**

내 삶의 사명을 찾아라 **33**

균형은 어떻게 만들어지는가? **43**

보다 크고 넓게 생각하라 **51**

당신에게 '예스'라고 말하는 사람은 누구인가? **57**

자신이 얼마나 멋진 사람인지 알고 있는가? **69**

대담한 모험을 하라! **77**

당신의 말도 안 되는 아이디어를 믿어라 **89**

행복을 더 이상 미루지 말라 **97**

삶을 '헤쳐 나가지' 말고, 살아가며 '성장하라' **109**

주위에 변화를 일으켜라 **123**

당신은 어떻게 기억되고 싶은가? **131**

삶은 짧고 죽음은 길다 **143**

WHAT WILL YOU DO WITH IT? WHAT COULD YOU DO WITH IT?

단 5년으로,
당신 인생의
전부를
바꿀 수
있다면?

19

5년… 260주… 1,820일… 2,620,800분

우리는 자신의 힘으로 알 수 있고,
앎으로써 이해할 수 있으며,
이해함으로써 현명한 선택을 할 수 있다.
에드워드 윌슨, 과학자

오감, 오행, 오성 등 '5'는
소우주로서의 인간을 나타낸다.
불교와 기독교, 이슬람교 외의
수많은 종교와 학문에서도 숫자 5는
보편성과 통일성, 근원의 상징으로
사용되고 있다.
현대에도 가장 안정적이며 완결성
높은 등급을 나타낼 때 우리는
5라는 숫자를 사용한다. 이처럼 5는
알게 모르게 세상을 이루는 상징
기호로서 인간에게도 매우 중요한
의미를 지닌다.

그렇다면 과연 시간으로서
5의 의미는 어떤 것일까?

→ 콜럼버스는 5년 동안 바하마 제도, 쿠바, 에스파뇰라, 북미와 남미 대륙을 발견하고 신세계를 열었다.

→ 단 5년 만에 미켈란젤로는 '시스티나 성당 벽화'를 그려냈다.

→ 5년이 채 되지 않는 시간 동안 셰익스피어는 4대 비극인 『햄릿』, 『오셀로』, 『리어왕』, 『맥베스』와 그외 불후의 명작 5편을 완성했다.

→ 아마존 창업자 제프 베조스는 서른 살 때 13평도 안 되는 아파트에 살고 있었다. 5년 후, 그의 순수익은 100억 달러가 되었다.

삶의 방향이 바뀌는 것은 단 한순간, 단 하나의 행동이면
족하다. 그러나 이 방향의 각도가 인생 전반을 바꾸기 위한
성과로 나타나는 데는 5년이라는 시간이 필요하다. 미국의
한 연구 결과에 따르면 성공한 기업 10퍼센트와 실패한 기업
90퍼센트를 가르는 기간은 단 5년이며, 그 5년을 얼마나
전략적으로 활용하느냐에 따라 전체의 방향성이 완전히
달라진다고 한다. 대다수의 기업과 공공기관, 예술가나
전문가들이 장기 프로젝트와 임기 기간을 5년으로 잡는 이유도
여기에 있다. 자, 이 5년 동안 자신의 마음을 따라 무작정
한 걸음을 내딛어 보라.

5년… 260주… 1,820일… 2,620,800분

오늘이라는 출발점에 선 당신에게
이 5년의 시간이 주어진다면
무엇을 할 것인가?
과연 무엇을 할 수 있을 것인가?

나는 무엇을 원하는가?

본질로 돌아가게 만드는 가장 단순한 질문

오늘의 다음은 내일이 아니다.
당신은 삶의 다음이 무엇이 되어야 할지 정하고,
그것을 얻기 위한 방법을 전략적으로 모색해야
한다. 진정한 자신과 잃어버린 꿈을 찾을 수 있도록 이끄는
『파이브』는 '나'라는 작은 상자에서 벗어나
당신의 전혀 새로운 미래를 그리고, 그 청사진대로
삶을 만들어갈 수 있도록 도와줄 것이다.

한 번뿐인 인생이다. 더 이상 '재주 부리는 곰'이 되지
말라. 불안하게 흔들리며 굴러가는 공 위에서 당신은 이제
내려와야 한다. 결정은 당신의 몫이다. 당신은 이 책을 통해
오늘부터 앞으로 다가올 5년을 지금까지 살아왔던 시간 중 가장
흥미진진하고, 만족스럽고, 생산적이며, 놀랄 만한 시간들로
만들 수 있다. 당신이 오늘까지 그런 시간을 만들어왔다면,
한 번 더 최고의 5년을 만들어 갈 수 있다.

우리는 삶의 그 어떤 부분도 놓치고 싶지 않다.
사실 당신에게는 '이러면 어떨까?'라는 삶의 수많은 가정법을 '이렇게 된다!'라는 긍정 직설법으로 바꿀 수 있는 능력이 있다. 따라서 지금 당신에게 가장 중요한 것은 다음과 같은 질문이다. '나는 진정 무엇이 갖고 싶은가?' '진정 어떤 사람이 되고 싶은가?' '나는 진정 어디로 가고 싶은가?' '그러기 위해서는 무엇을 해야 할까?' 이 책은, 미래라는 것이 구체적인 소망을 세상으로 보내고 그 답을 두 팔 벌려 온 마음으로 기다리는 것임을 보여 줄 것이다.

왜 스탠포드는 그들에게 5년 후 미래를 그리게 했을까?
미국 스탠포드 대학교에서는 3, 4학년들에게 기말고사를 대신하여 5년 후 전혀 다른 자신의 미래를 그리는 과제를 내준다. 이러한 일련의 과정은 자신의 문제점을 재구성하고, 그 문제의 원인이 자신에게서 시작한다는 것을 발견하도록 이끈다. 『파이브』는 자신의 미래를 스스로 생각하고, 스스로 판단하고, 스스로 선택하게 만드는 '행동하는 책'으로써, 진정 자신이 원하는 것과 현실적인 꿈을 연결할 수 있는 접점을 찾도록 만들어줄 것이다.

삶은 다양한 영역으로 구성되어 있다.
이 책을 읽어가면서 당신은 삶을 이루는 서로 다른 다양한 영역에 대해 깊이 생각해 볼 수 있는 새로운 방법을 알게 될 것이다. 미처 몰랐던 삶의 핵심들을 발견하고 돌보는 것은 자신의 뿌리를 찾고, 흥미진진한 아이디어를 발전시키고, 심장이 뛰는 모험을 찾아 나서거나 혹은 삶의 본질로 되돌아 갈 수 있는 창조적인 방법을 발견하는 일만큼이나 중요하다.

어떤 결정을 내릴 때 자신이 되고 싶은 모습을
명확히 인지하라. 깨어 있는 상태로 상황에 대처하라.

균형 잡힌 삶을 살아라.
당신의 몸과 마음, 그 어느 한 쪽으로 치우침 없이
조화롭고 굳세게 그리고 순수하게 나아가라.

자신의 것이 아닌 것을 탐하지 말라.
그것이 사람이거나 무리, 혹은 버려진 것이라도
당신의 땀과 노력이 스며들지 않은 것은
당신의 것이 아니다.

모든 인간은 실수하게 마련이며
용서받지 못할 그 어떤 실수도 존재하지 않는다.

**당신에게 주어진 물질과 행복,
행운을 다른 이들과 함께하라.
나눔과 베풂, 헌신을 필요로 하는 곳으로 향하라.**

당신 주변에 머물고 있는 이들을 배려하라.
가장 좋은 것을 주고,
그들을 존경과 감사한 마음으로 대하라.

**다른 이들을 험담하지 말라.
당신의 부정적인 말은
몇 배가 되어 다시 되돌아 올 것이다.**

그리고 그 무엇보다 먼저
진실한 자기 자신을 마주하라.

『인디언 도덕경』 중에서

↑

LIVE
YOUR
LIFE ON
PURPOSE

삶의 최고 가치를 선택하라

목적이 이끄는 삶이란 무엇인가?

시간이 충분하지 않다고 불평하지 말라.
헬렌 켈러, 루이 파스퇴르, 미켈란젤로, 마더 테레사,
레오나르도 다 빈치, 토머스 제퍼슨,
알베르트 아인슈타인에게도 하루는 24시간이었다.
H. 잭슨 브라운 주니어 _ 작가

당신 머릿속엔 스스로 판단할 수 있는 두뇌가
있고, 발에는 튼튼한 신발이 신겨져 있다.
당신은 원하는 방향으로 어디든 자신을 이끌어
갈 수 있다.

당신은 오직 당신만의 것이기에,
어디로 가야 할지 삶의 방향을 결정하는
사람은 다름 아닌 당신이다.

삶에 있어 최고의 날은 당신의 삶이
당신 자신의 것이라고 결정하는 바로 그 날이다.
기대거나 의지할 사람, 또는 비난할 사람은 아무도 없다.
삶의 선물은 당신의 것이며, 삶은 그 자체로
놀라운 여정이다. 그 삶의 질을 결정할
책임이 있는 존재는 바로 당신이다.

삶은 결국 당신이 내리는 선택들로 이루어진다.
그러므로 현명하게 선택하라.
그 시작은 '삶을 인도하는 별'이라고 말할 수 있는
가장 중요한 2가지 원리를 선택하는 것이다.

그 원리는 바로
'당신의 가치'와 '당신의 사명'이다.

당신의 가치를 선택하라. 이것은 당신에게 중요한 것이 무엇인지를 인식하고 행하는 개인적인 선택이다. 자신이 생각하는 가장 높은 가치를 좌표로 삼아 나아간다면, 당신은 삶의 매순간이 가지는 의미를 발견할 수 있을 것이다.

삶의 가치로는 가족, 우정, 건강, 부, 배움, 지속성, 커리어, 커뮤니티, 신념, 진정성, 예술, 여가, 창의성, 모험, 사랑 등이 있다. 그럼 당신이 생각하는 최고의 가치는 무엇일까?

배움이란 이러하다. 아무것도 배우지 않고 있기보다 쓸모없는 것이라도 배우는 편이 낫다.
세네카 ㄴ 철학자

친구란 두 몸에 깃들인 하나의 영혼이다.
아리스토텔레스 ㄴ 철학자

가족들이 서로 하나로 맺어져 있다는 것, 그것이 진정 이 세상에 유일한 행복이다.
퀴리 부인 ㄴ 과학자

모든 어린이는 예술가다. 문제는 어른이 되어서도 어떻게 예술가로 남아 있느냐는 것이다.
파블로 피카소 ㄴ 예술가

돈은 최선의 종이요, 최악의 주인이다.
프랜시스 베이컨 ㄴ 철학자

건강이 배움보다 더 가치 있다.
토머스 제퍼슨 ㄴ 정치가

우리는 자신에 대해 얼마나 잘 알고 있을까?
당신이 생각하는 삶에 대한 최고의 가치를 발견하려면 그에 적합한 질문이 필요하다.
이제부터 아주 평범해 보이지만 삶의 가치를 발견하는 데
가장 효과적인 몇 가지 질문을 던져보려 한다.

첫 번째 질문, 자신에 대해서 가장 좋아하는 점 3가지는 무엇인가?

1
2
3

두 번째 질문, 자신에 대해서 가장 싫어하는 점 3가지는 무엇일까?

1
2
3

**세 번째 질문, 세상에서 내가 알고 있는 가장 행복한 사람 2명을 떠올려보자.
왜 그 사람들이 떠올랐을까?**

1
2

네 번째 질문, 나는 언제, 어디서 기분이 가장 좋았는가?

1
2

다섯 번째 질문, 그 이유는 무엇일까?

자신의 장점과 단점, 존경하는 인물을 머릿속에 정리했다면 자신이 생각하는 중요한 가치를 어렴풋이나마 확인했을 것이다. 그렇다면 이번에는 내가 생각하는 중요한 가치를 좀 더 세분화하여 5가지로 표현해보자. 당신이 생각하는 최고의 가치 5가지를 파악하는 것은, 가장 중요한 '삶의 목표'를 인식하는 지름길이다.

1
2
3
4
5

만약 당신이 5가지 인생을 살 수 있다면 각각 어떤 인생을 살고 싶은가? 이 가상의 인생에서 포인트는 그 삶 자체가 즐겁다는 것이다. 당신이 적어 놓은 것 중 하나를 고르고, 이번 주 그것에 해당하는 한 가지를 실행해보자.

1
2
3
4
5

CHOOSE YOUR MISSION →

내 삶의 사명을 찾아라

33

당신의 삶은 고귀한 동기를 얻어 이어갈 만큼의 가치가 있다. 당신의 사명을 선택하라.

월트 디즈니의 사명은 '사람들을 즐겁고 행복하게 해주는 것'이다.

구글의 CEO 에릭 슈미트는 '전세계 모든 정보를 모아서 모든 사람들이 이용할 수 있도록 만드는 것'이다.

나이키 창립자인 필 나이트는 '전세계 모든 운동선수에게 자극과 혁신을 안겨주는 것'이고,

소프트뱅크의 손정의 사장은 '혁명으로 모든 사람을 행복하게 만든다'는 사명을 세웠다.

자기 자신보다 더 큰 대의명분에 전력을 다하는 삶을 산다면, 당신의 삶은 눈부시게 빛나는 모험담이 될 것이다.

맥 더글러스 _ 작가

스스로에게 하나의 약속을 부여하라

삶의 좌표를 만들어 주는 작은 약속이나
커다란 목적이 되는 '사명 선언'은 예로부터 존재했다.
특히 동양에서는 한 집안의 가훈이나 개인의 좌우명으로 그것을 표현하여
생각과 행동의 기준으로 삼았다. 이는 우리에게 삶의 진정한 주인이 누구인지를
알려준다. 마하트마 간디와 율곡 이이 또한 다음과 같은 사명 선언을 통해
매일 아침 새롭게 마음을 다지며 흔들리는 자신을 바로 세웠다.

마하트마 간디

나는 지상의 어느 누구도 두려워하지 않을 것이다.
나는 오직 신(神)만을 두려워 할 것이다.
나는 누구에게도 악한 마음을 품지 않을 것이다.
나는 누가 뭐라고 해도 불의에 굴복하지 않을 것이다.
나는 진실로 거짓을 정복할 것이다.
그리고 거짓에 항거하기 위해 어떤 고통도 감내할 것이다.

율곡 이이

성인이 되기 위해 끊임없이 노력한다.
마음을 결정하는 데 있어 말을 적게 한다.
방만해진 마음을 다잡는다.
언제나 공손하고, 삼가고, 조심한다.
행동보다 생각이 앞서야 한다.
재산과 명예에 마음을 두지 않는다.
할 만한 일이면 정성을 다해야 한다.
천하를 얻기 위해 죄 없는 이를 희생시켜서는 안 된다.
아무리 포악한 사람이라도 감화시킨다.
때 아닌 잠을 경계한다.
수양과 공부는 서두르지 않고 꾸준히 계속한다.

그렇다면 '사명 선언서'를 어떻게 작성해야 할까?
개인 사명 선언서를 쓰는 데 정해진 형식은 없다. 사명 선언서란 결국 쓰기 시작할 때 저절로 그 방법을 알게 되는 것이다. 단 되도록 명확하고, 간단하고, 가슴 뛸 정도로 흥미로운 것이 되도록 하자.

스스로에게 이렇게 물어보라.
내 삶의 목적은 무엇일까?
나에게 세상이 정해준 역할이 있다면 그것은 무엇일까?
나한테 가장 큰 자극을 주는 것은 무엇일까?
내가 기꺼이 뛰고 달리며 추구하게 되는 핵심 가치들은
대체 어떤 활동이나 봉사를 해야 가능한 것일까?

↓

어쩌면 지금 당신이 하는 행동은 먼 훗날, 당신의
손자 손녀가 둘러앉아 이야기하게 될, 삶의
변곡점이 될 수도 있다. 다시 말해 바로 지금이,
심연에서 뛰어올라 산꼭대기 저편으로 넘어가는
새로운 삶의 시작점일지도 모른다는 뜻이다.

그러나 '이 순간'이 산꼭대기 저 너머에서
일어나는 수많은 가능성을 보게 되는 짧은 각성의
순간임을 깨닫기도 전에, 어쩌면 당신은 결국
이렇게 말하게 될지도 모른다.

"안 돼. 뛰어 넘기에는
너무 높고 너무 멀어."

기억하라. 이 변화의 순간을 마주하지 않고
회피한다면 당신은 결국 똑같은 불만과 지루함의
수레바퀴에서 무의미하게 달리며, 먼 미래에
좋아했던 축구팀이나 드라마를 이야기하는 데
만족해야 할 것이다.

우리가 진정 원하는 것에
온전히 집중할 때, 우리는
비로소 성장할 수 있다.

빌 버넷 ˻ 스탠포드 대학교 교수

자, 이제 매일 아침 눈뜨자마자 스스로 작성한 사명 선언서를 읽어보라.
무기력과 불안으로 가득 찼던 내 삶의 각도가 달라지고 있음을 느끼게 될 것이다.

사 명 선 언 서

* 나는 바로 이 순간부터
 세포 하나 하나에 이 사명을 새기며
 이행할 것을 약속한다.

1
2
3
4
5
6
7

날짜 _____

서명 _____

이미
당신의 꿈은
길을
알고 있다

Follow Your Dreams, They Know The Way!

모든 꿈들은 모두 제 갈 길을 이미 잘 알고 있다.
만약 당신이 꿈을 가지고 있지 않다면,
그 길도 존재하지 않는다.

기억하라,
지금부터 상상하는 모든 것들이
5년 후 찾아올 미래를 예고하는
단편들임을.

매일 아침 A4 한 장에 자신이 생각하는 것들을 자유롭게 적어보자. 아주 사소하거나 엉뚱하고 말이 되지 않는 이야기도 상관없다. 자신이 느끼는 감정이나 떠오르는 것들, 이미지 등을 모두 종이에 써보자. 이 습관은 당신의 무의식을 그려내는 동시에 자신이 미처 몰랐던 생각들을 발견하게 해준다.

숲을 걸었다. 길이 두 갈래로 갈라졌다. 나는 인적이 드문 길을 택했다. 그리고 모든 것이 달라졌다.

로버트 프로스트, 시인

버지니아 공과대학 명예교수 데이브 콜에 따르면, 정기적으로 삶의 목표를 작성하는 사람들은 그렇지 않은 사람들보다 9배나 더 많은 성취를 한다. 그러나 현대인의 80퍼센트는 삶의 목표조차 없다고 말한다. 그 외 16퍼센트는 대략적인 목표가 있긴 하지만, 실제로 글로 써본 적은 없다. 겨우 4퍼센트 미만의 사람들만이 목표를 작성하며, 1퍼센트도 안 되는 사람들이 사실상 꾸준히 그 목표를 점검한다. 그렇다면, 그 1퍼센트는 어떤 사람들일까?

→ **지금부터 당신의 꿈을 써보라! 바로 그것이 목표가 된다!**
목표는 종이 위에 쓰게 될 꿈과 하나의 세트다.
그러니 생각만 하지 말고 펜을 들어, 5년 동안 이루고 싶은 목표를 생각나는 대로 써보라.

BALANCE IS BEAUTIFUL

균형은
어떻게
만들어지는가?

43

삶의 한두 가지 영역에서만 목표를 정한다면,
그것은 배를 노 하나로 저어가는 것과 같다.
그 배는 계속 한쪽 방향으로만 돌고 돌 뿐이다.
이와 마찬가지로 당신의 창의성 전부를
삶의 한두 가지 영역에서만 활용한다면,
결국 나머지 영역들은 1차원에 머물게 될 뿐이다.
당신이 지금부터 5년 후 수백만 달러를 버는
부자가 된다 한들 가정이 완전히 파탄 난다면
그게 다 무슨 소용이겠는가?

인생은 자전거를 타는 것과 같다.
균형을 유지하기 위해서는 계속 움직여야만 한다.
알베르트 아인슈타인 _ 과학자

내 삶의 수레바퀴

성공한 커리어, 행복한 가정, 건강한 몸….
우리가 지향하는 삶의 목표는 하나가 아니다.
그리고 이러한 목표들은 독립적인 것이 아니기에 균형과 조화가 필요하다.
이제부터 당신의 삶을 여러 가지 다른 바퀴살이 달린 수레바퀴라고 상상해보자.
균형 잡힌 삶을 이어가려면, 각각의 바퀴살에 관심과 정성을 쏟아야 한다.
삶의 바퀴에 균형을 잡아라. 바로 지금,
다양한 각각의 영역에서 5년 동안의 목표를 정하라.

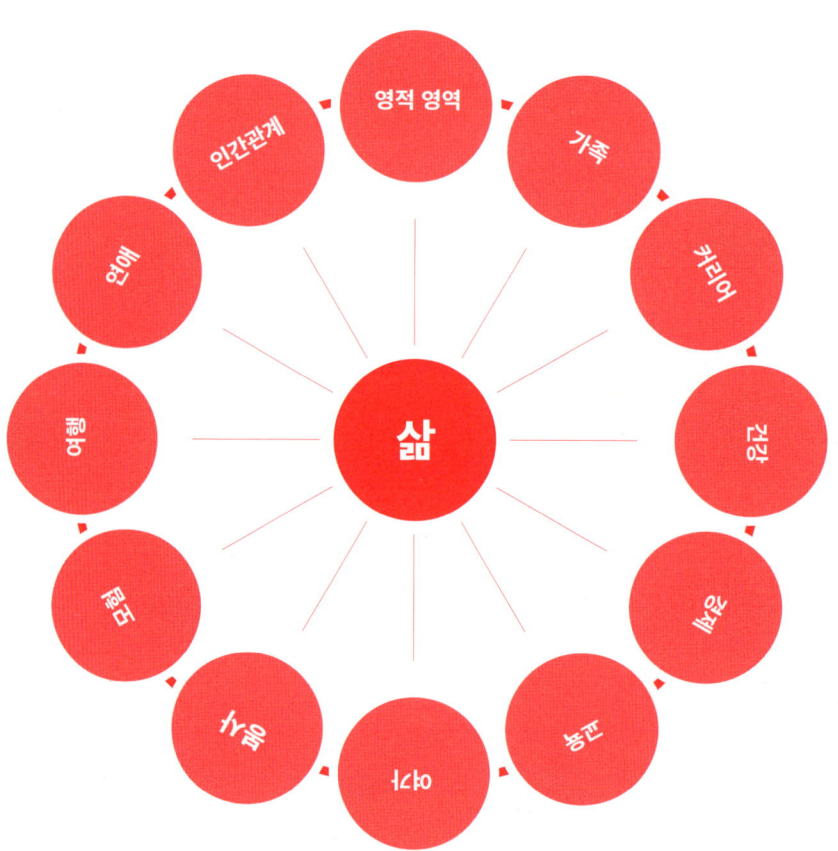

불균형한 삶의 바퀴는
왜곡된 무게 중심축으로 인해
조금씩 목표 지점에서 이탈하기 시작한다.
만약 당신이 균형 잡힌 목표를 세우지 않고 나아간다면
언젠가 삶의 좌표를 잃는
'방황의 벽'에 부딪히게 될 것이다.
뿐만 아니라
모호하고 그저 그런 삶의 목표와 선택은
매번 당신이 그 정도 수준에만
도달할 것임을 보여 줄 것이다.

"선택은 신이
우리에게 주신 자유다.
그러나 그 삶에는
책임이 따른다."

삶의 파이
만들기

여기 커다란 삶의 파이가 있다. 이 파이는
총 6조각으로 나누어져 있다. 당신이 만약 그 각각의
조각에 이름을 붙인다면 어떤 걸 붙일 수 있을까?

일, 운동, 종교, 친구, 연애, 여행이나 모험 등 자신의
삶을 이루고 있는 요소를 각 파이 조각 위에 적고,
각각 당신이 그 일을 얼마나 잘 수행했는지의 정도를
선으로 길게 그어보자. 그리고 각각의 선분 끝의 점을
연결해보자. 부족한 곳은 무엇인가?
혹은 아예 신경 쓰지 못한 부분은 어디인가?

삶에 부족한 요소를 직접 눈으로 확인하고, 이후
당신의 시간을 여기에 좀 더 투자하라.

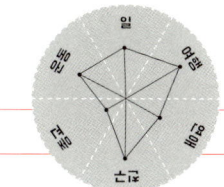

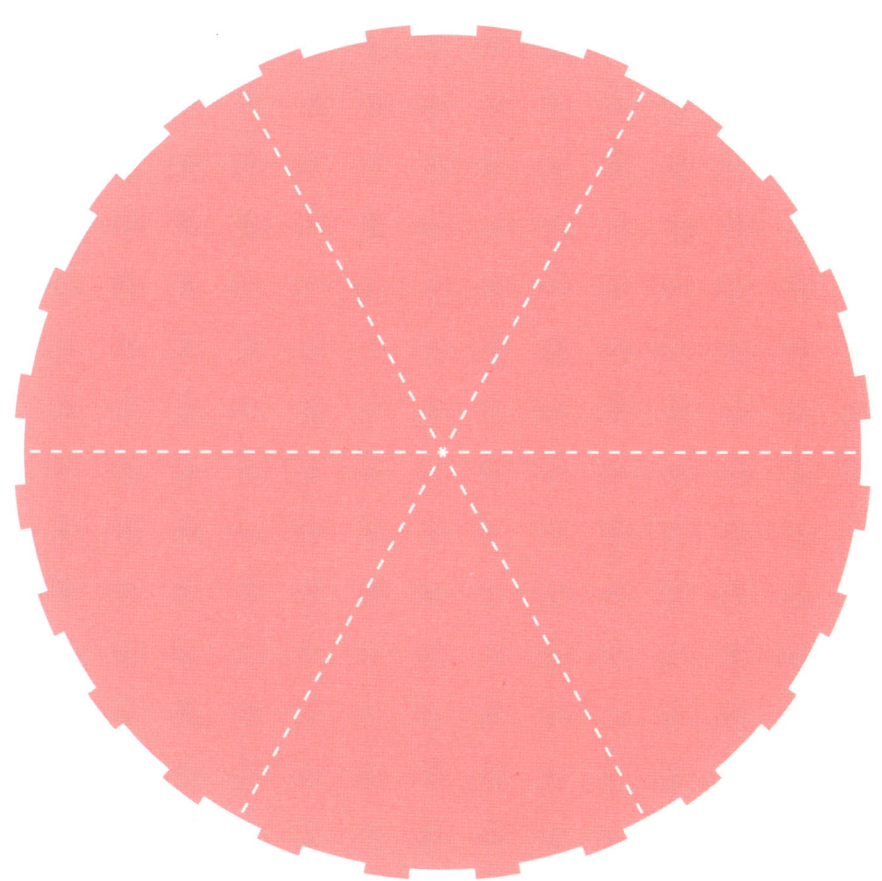

• The Pie of Life •

더욱 구체적으로
삶을 돌보라!

레스토랑에 들어가서 그냥 "먹을 것 좀 가져다 주세요"라고 말하는 사람은 없다. 다들 메뉴판에서 먹고 싶은 것을 정확히 골라 매우 구체적으로 주문한다. 당신은 삶에 대해서도 이와 같이 해야 한다. 다시 말해 "앞으로 5년간 내 목표는 행복해지는 것이다"라고 말하지 말라. 아주 구체적으로 정하라. 삶을 돌보기 위한 방법이 보다 선명하고 생생할수록 삶의 목표는 더욱 성취하기가 수월해진다.

가능하다면 목표를 머릿속으로 생생하게 그리고 실제처럼 연습해보자. 그리고 종이에 구체적으로 그림을 그려보라. 그런 다음, 그것을 얻기 위해 필요한 각 단계를 목록으로 만들어라. 생생한 디테일을 활용하여 당신이 바라는 것, 다시 말해 당신을 즐겁게 만드는 경험, 사물, 장소, 목표나 결과를 그려보거나 써보라.

지금 나를 즐겁게 하는 것은 무엇인가? 여행? 식도락? 사교모임? 독서?
나는 지금부터 삶을 풍요롭게 만들기 위해 5년간 무엇을 하고 싶은가?

여기서 기억해야 할 것은, 삶을 풍요롭게 만들기 위해서는 먼저 자신에게 친절해져야 한다는 점이다. 여기에도 연습이 필요하다. 냉장고의 문을 열어보자. 먹을 것은 잘 챙겨먹고 있는가? 양말은 충분히 있는가? 잠자리는 편안한가? 옷장 속에 옷가지들은 잘 정리되어 있는가?

자신의 상태를 확인하는 습관을 들이도록 하자. 하루에 몇 번씩 자신의 기분이 어떤지 스스로에게 물어라. 그리고 그 대답에 귀를 기울이자. 자신에게 친절하게 굴어야 한다. 만약 아주 힘든 일을 지금 하고 있다면 휴식과 위로를 자신에게 약속하자. 스스로를 아기처럼 잘 보살필 때 삶은 보다 풍요로워질 수 있다.

지금부터 바꾸고 싶은 것들을 3가지 이상 작성해보자.
그리고 그것을 이루기 위한 구체적인 행동도 생각해보자.
생각이 나지 않는다면 단 한 가지라도 좋다.
'장이 건강해지고 싶다'와 같은 목표를 세웠다면,
'커피 대신 하루에 한번은 소화에 좋은 허브 차 한 잔 마시기'
'하루에 1000걸음 이상 걷기' 같은
아주 단순하고 작은 목표부터 설정해보자.

THINK
BIG

보다 크고 넓게 생각하라

51

20세기 미국이 낳은 최고의 여성 사업가이자 자선사업가인 '메리케이 코스메틱'사의 CEO 메리 케이 애시는 이렇게 말했다.

"위대한 일을 바라면 위대한 일이 일어난다."

당신이 만든 작은 틀에서 벗어나 위대한 목표를 가져라. 세상이 만들어낸 규정과 법칙에 자신을 맡기지 말라. '남들처럼'이 아니라 '남들과 다른' 목표에 도전할 때 비로소 위대한 일이 일어나고 위대한 인생이 만들어진다.

꿈을 크게 가져라. 오직 큰 꿈만이 영혼을 감동시킬 수 있다.
마르쿠스 아우렐리우스 ∠ 철학자

대부분의 사람들은 자신에게 가장 흥미진진한 꿈을 써내려가면서, 동시에 "아, 이건 불가능할 것 같아"라고 말한다. 그러나 사실 당신에겐 그 어떤 일도 가능하다. 원하는 것을 향해 당신은 진정 미친 듯이 달려들어 본 적이 있는가? 기억하라. 당신이 가슴으로 뜨겁게 원하는 일 중 이 세상에 실현하지 못할 것은 없다.

만약 당신이 무조건 성공할 거라는 사실을 이미 알고 있다면, 어떤 일을 가장 먼저 한번 시도해보고 싶을까? 확실히 그것을 얻을 수 있다는 사실을 안다면, 기꺼이 추진해보고 싶은 꿈이 있을 것이다. 그것을 써보자. 지금 써내려가는 일들은 어쩌면 당신이 생각하는 것보다 실현할 가능성이 더 높을 것이다. 대부분의 사람들은 목표를 높게 두지 않고 그냥 놓쳐버린다. 오히려 그들은 아주 낮게 목표를 잡고, 그 정도에 도달하는 것에 만족한다.

WHY NOT YOU? WHY NOT NOW?

종이 클립 하나를 집 한 채로 바꾸는 법!

카일 맥도널드는
온라인 벼룩시장에 물물 교환 상품으로
종이 클립을 올려놓고,
물고기 모양의 펜을 얻었다.
그런 다음, 그 펜을 조금 더 나은 물품으로 교환했다.
한 번의 교환 거래는 꼬리를 물고 이어져,
그는 마침내 침실 3개짜리 집을 갖게 되었다.

**삶과 일 사이에 높은 목표를 세워도 괜찮다.
시간을 갖고 꿈을 꾸며 계획을 만들라.**

우리가 꿈꾸는 것 중에
참 많은 것들이 처음엔
불가능한 듯 보인다.
그러나 의지를 발휘하면
그 꿈은 이내 곧 피할 수
없는 것으로 다가온다.

크리스토퍼 리브 ㄴ 영화배우이자 감독

목표를 작은 단위로 쪼개라

삶의 비극은 목표에 도달하지 못한다는 게 아니라, 도달할 만한 그 어떤 목표도 없다는 데 있다.

이상을 실현할 수 없다는 것이 불행한 게 아니라 잡고 싶은 이상이 없다는 것이 불행한 것이다. 진짜로 수치스럽고 명예롭지 못한 일은, 저 별에 닿을 수 없는 게 아니라 닿고 싶은 별이 없다는 것이다. 그러나 거창한 목표는 자신감을 잃게 만들기도 한다. 그럴 때는 당신이 생각하는 가장 거창하고 위압적인 목표를 가장 작은 단위로 나눠라. 작가 조지프 헬러는 바쁜 일상 속에서도 매일 한두 시간씩은 꼭 글을 써내려갔고, 마침내 베스트셀러 『캐치-22』를 완성했다.

앞으로 5년 동안 당신이 정한 가장 큰 목표 중 한두 가지, 혹은 그 이상에 이와 똑같은 원리를 적용한다면 무엇을 달성할 수 있을까? 지금 가장 이루고 싶은 목표를 쪼개보자! 명심하라. 티끌 모아 태산이 된다.

한번 쪼개기

한번 더 쪼개기

보다 더 쪼개보기

SHARE YOUR GOAL SHARE YOUR DREAM

당신에게 '예스'라고 말하는 사람은 누구인가?

57

그 누구도 아닌 자기 걸음을 걸어야 한다. 자신이 특별하다는 것을 믿어야 한다. 당신이 자신의 꿈을 이야기할 때 '예스'라고 하는 사람을 주변에 두어라. 많은 이들이 당신의 독특함을 부정하고 세상이 원하는 곳으로 가라 말할 것이다. 그래도 당신은 자신만의 걸음으로 자기의 길을 가라. 그들의 '아니다'라는 부정적인 답은 특별함을 팔아 얻은 평범함에서 나온 것임을 잊지 말라.

> 진정한 행복을 만드는 것은 수많은 친구가 아니라
> 훌륭히 선택된 친구들이다.
> 벤 존슨 ㅡ 운동선수

더불어 이런 생각을 해보기를 권한다.
우리 삶에 큰 위력을 발휘하는 소위 '그들'은 과연 누구인가?
'그들'은 엘비스 프레슬리가 노래를 할 수 없다고 말했다.
'그들'은 제임스 조이스가 소설을 쓸 수 없다고도 했다. '그들'은
마이클 조던이 농구를 할 수 없다고까지 했다.
과연 '그들'은 당신에 대해서 무슨 말을 하고
있을까?

우리는 다른 누군가의 꿈에 자신을 맞춰 살아가고 있거나, 혹은
자신만의 길을 정해 살아가고 있거나 둘 중 하나를 선택한다.
당신이 어떤 사람인지 남들이 말하게 두지 말라.
당신의 아이디어에 "아주 좋아"라고 대답하는
습관을 기르라. 그런 다음, 그 아이디어가 잘 될 수 있는
갖가지 이유를 다 적어보자. 당신 주변에는 그 일이 잘 굴러가지
않을 거라고 말할 사람이 당신 말고도 많다.

"나는 우리나라 최고의 기타리스트가 될 거야. 왜냐하면…"

절대 해서는 안 되는 일에 귀를 기울여봐요.
하지 말아야 할 것에 귀를 귀 기울여봐요.
해서는 안 되는 것,
불가능한 것,
안 될 것들에게 귀 기울여봐요.
절대 가지지 못한 것에 귀 기울여봐요.
그런 다음에는 자신에게 가까이 다가가 들어보세요.
뭐든 일어날 수 있답니다. 뭐라도 말이죠.

쉘 실버스타인 ㅅ 시인, 작가

당신이
할 수 있다고
믿는 사람들을
주변에 두라!

주변과 당신의 목표를 공유하라.
하지만 당신이 성취할 수 있도록
도와주는 사람들과만 공유하도록 하라.

다음을 친구 선별의 기준으로 삼아보자.

- 이 사람과 시간을 보내면 맥이 빠지는가,
- 아니면 오히려 기운이 나는가?
- 그 사람은 내가 좀 더 나은 사람이,
- 좀 더 행복한 사람이,
- 좀 더 성공한 사람이 되길 바라는 마음이 들게 하는가?
- 그 사람은 가장 중요한 내 목표를 달성하도록 도와줄 것인가?

만약 그렇지 않다면,
그렇게 해줄 친구를 찾아라.

1955년, 하와이 카우아이 섬에 833명의 아이가 태어났다.
그 아이들을 대상으로 30년 동안 카우아이 섬 종단 연구로
불리는 대규모 심리학 실험이 진행되었다.

833명의 신생아 중, 201명은 '고위험군'으로 분류된
가정환경 속에서 태어났고, 연구진들은 이 아이들이
사회부적응자로 성장할 거라 판단했다.

그러나 이 모든 예상을 깨고
201명 중 3분의 1에 해당하는 72명이
부유한 환경에서 자란 아이들보다 더 도덕적이며,
성공적인 삶을 이뤄냈다.

부모의 경제적 지원도 받지 못하고
온갖 실패와 좌절 속에서도
훌륭히 자라난 72명의 아이들에게서 연구진은
하나의 공통점을 발견한다.

그것은
아이들 주변에 있었던
'단 한 사람'의 존재.

잘 자란 아이들의 주변에는
언제나, 어떤 상황에서도 아이들을 믿어주고,
무조건적인 사랑을 베풀어주는 사람이 있었다.

조부모나 친척,
때로는 이웃사람, 선생님 등

잘 성장한 아이들의 옆에는
단 한 명이라도
언제든 내 편이 되어주는
'단 한 사람의 존재'가 있었던 것이다.

내가 하는 최선의 행동 중 한 가지는, 주변에 "왜 그래?"라고 물어보는 친구들 말고, "안 될 게 뭐 있어?"라며 주저하지 않고 말해주는 친구들을 곁에 두는 것이다. 그런 태도는 놀라운 파급 효과가 있다.

오프라 윈프리 ᒐ 방송인

당신의 꿈과 목표를 달성하게 도와줄 사람, 5명의 이름을 적어보자.

1 ...

2 ...

3 ...

4 ...

5 ...

Do it now!

→ 왜 지금 당장 하지 못하는가?

이 세상에는 '언젠가'라는 이름을 가진 따분한 섬에서 평생을 보내는 사람들이 있다. 그들은 말한다. "언젠가 나는 행복해질 거야. 언젠가, 나는 네팔에 가서 트래킹을 할 거야. 언젠가 나는 통나무집을 지을 거야. 언젠가 나는 엄청난 모험을 할 거야."

삶이란, 캐릭터에 맞는 옷을 다 차려입고 무대에 오르기 전에 하는 총연습이 아니다. 삶은 바로 지금 여기에 있다.

까르페 디엠!
지금 당장 삶을 즐겨라.
그 삶을 당장 붙잡아라.
당신은 그럴 만한 자격이 있고
그만큼 소중한 사람이다.

당신이 계속 시간을 끌며 미루어왔던 5가지 일을 적어보자. 그리고 이번 주에 그 5가지를 완료할 수 있도록 가장 최소한의 행동 단위로 쪼개서 계획을 세워라. 지금 당장!

→

→

→

→

→

어머나, 멋진 월요일이 왔네!

5년간 내가 맘대로 쓸 수 있는 260개의 월요일이 가진 새로운 가능성을 써보자!

월요병은 당신 삶의 7분의 1을 보내는 어리석은 방법이다.
그런데 이 세상 수백만 명의 사람들이 월요일을 두려워하는 이상한 습관을 갖고 있다.

이렇게 상상해보라. 앞으로 5년 동안, 당신은 260개의 서로 다른 월요일이라는 선물을 받는다.
저마다 당신의 삶을 신선하게 바꿔주고, 미래를 희망찬 약속으로 꽉 채워줄 월요일이다.

그 시간으로 당신은 어떠한 마법과 기적을 만들어낼 수 있을까?
전에 없이 용감하고 독립적인 사람이 되어보는 건 어떨까? 사람들이 금요일에 대해 갖고 있는 기대와 흥분으로 매번 월요일을 맞이하게 된다면 어떨까?

어떻게 하면 월요일을 금요일처럼 '받들어 모실' 수 있을까?
매주 월요일을 선물의 날, 친구의 날, 영화의 날 등으로 정해보면 어떨까?

Thank God It's Monday!

SUN	MON	TUE	WED	THU	FRI	SAT
			1	2	3	4	5
6	7	8	9	10	11	12
13	14	15	16	17	18	19
20	21	22	23	24	25	
27	28	29	30	31		

DO YOU KNOW HOW AMAZING YOU TRULY ARE?

자신이 얼마나 멋진 사람인지 알고 있는가?

69

이 세상에 또 하나의 당신은 결코 존재하지 않는다.
당신은 역사를 통틀어 단 하나뿐인 존재다.
예전에도 없었고, 앞으로도 없을 새로운 존재다.
당신은 유일무이하다.
따라서 당신이 정말로 얼마나 높이 뛰어오를지
예측할 수 있는 사람은 아무도 없다.
심지어 당신조차 자신의 날개를 활짝 펼칠 때
그때 비로소 알게 될 것이다.

자신을 어떻게 생각하느냐가 자신의 운명을 결정짓는다.
헨리 데이비드 소로우 ㅡ 철학자

놀라울 정도로 **멋진 당신!**

당신의 놀라운 **본능….**

빙하시대 이후 당신의 조상들은 수천 년간의 기아, 질병, 사나운 짐승, 최악의 자연 재해를 겪으면서도 거뜬히 생존할 정도로 똑똑하고, 빠르고, 강하고, 용감했다. 설령 당신이 스스로를 그저 '평범한' 사람으로 생각한다 해도, 사실상 당신은 그 유구한 인류의 성공 역사 속에 존재하는 신인류다. 당신이 물려받은 숨겨진 강인함과 장점은 분명히 세상에 그 모습을 드러내려고 무척 노력하고 있을 것이다. 그 강점을 세상에 내보이도록 하라!

당신의 놀라운 **정신….**

평균 인간의 두뇌 무게는 약 1.13킬로그램에서 1.36킬로그램까지 나간다. 그리고 약 300억 개의 뉴런 세포 조직으로 이루어져 있다. 각각의 뉴런은 대략 100만 개의 정보를 처리할 수 있다. 사실 정보처리 개수의 총합은 엄청나기 때문에 만약 자리에 앉아 한 번에 하나씩 수를 적는다면 약 1,046만 킬로미터까지 0이 뒤에 달려야 할 정도로 그 수치는 어마어마하다. 다르게 말하면 이는 지구에서 달까지 13번 이상 왕복할 수 있는 수치이기도 하다.

인간의 정신은 숙련되지 않은 노동을 통해 대량으로 생산된 것 중 가장 빠르게 돌아가고, 가장 멋지게 운용되며, 가장 치밀하고도 효율적인 컴퓨터다.

당신의 놀라운 몸….

당신의 몸은 길이가 약 10만 킬로미터나 되는 모세관을 갖고 있다. 이 모세관은 수백만 개의 전자 경계 신호이자 철로와 컨베이어 시스템이며, 대단히 멋진 빌트인 통화 체계이자 매우 정교한 시청각 시스템이다.

당신의 놀라운 수명….

불과 200년 전만 해도 인간의 평균 수명은 서른다섯 살이었다. 오늘날 우리는 그 나이의 두 배 이상을 살아간다. 21세기에 들어와 더 건강하게 더 오래 살 수 있는 가능성은 계속해서 증가할 것이다. 이렇게 예전보다 더 길게, 더 건강한 삶을 살아가며 '무엇을 할 것인가'라는 질문에 답할 수 있는 사람은 오직 당신뿐이다.

당신은 환상적인 동물이다

인간은 9초 만에 약 90미터를 달리며 멈추지 않고 몇 시간이고 달릴 수 있다. 공중으로 거의 9미터나 도약할 수 있다. 나무를 오를 수도 있다. 빠르게 먼 거리를 수영할 수도 있다. 물론 어떤 동물들은 인간보다 더 빠르고 멀리 달리고 나무도 잘 오르지만, 이 모든 활동을 인간만큼 할 수 있는 동물은 이 세상에 존재하지 않는다.

나는 잘하는 것이 진짜 아무것도 없을까?

재능은 신이 당신에게 준 선물이다. 그 재능을 사용해 당신이 무언가를 하는 것이 곧 그 선물에 보답하는 것이다. 천성적으로 잘하는 게 있다면 바로 그것이 당신의 재능이다. 특별히 배운 적이 없거나 특별한 노력이 없어도 쉽게 이루어내는 일. 노래나 춤, 수학이나 음악, 조직 관리 같은 것이 무엇보다 쉽게 생각된다면, 그것이 바로 재능이다. 재능임을 드러내는 한 가지 표식은 그것을 성취하고자 하는 담대한 용기를 당신이 가지고 있는 것이다. 끈기 있게 자신의 내부에서 타오르는 불길이 무엇인지에 집중하라. 관조의 공간을 만들고 혼자 있는 시간을 가져라. 미국 하버드 대학교의 하워드 가드너 교수에 따르면, 사람은 각자 강한 재능과 약한 재능이 있으며 강한 재능을 얼마나 더 강하게 계발하느냐에 따라 인생의 성공 여부가 갈린다. 그의 말처럼 우리는 스스로에게 '누가 비범한가?'가 아니라 '어느 곳에 비범함이 숨겨져 있는가?'라고 물어야 한다.

재능이란 자기 자신, 즉 자기의
중심을 믿는 것이다.
　　막심 고리키 ↘ 작가

누구나 재능은 있다. 단지 그
재능이 이끄는 암흑 속으로
따라 들어갈 용기 있는 자가
드물 뿐이다.
　　에리카 종 ↘ 작가

자신을 내보여라. 그러면 재능이
드러날 것이다.
　　발타자르 그라시안 ↘ 시인

자신의 능력을 감추지 마라.
재능은 쓰라고 주어진 것이다.
그늘 속의 해시계가 무슨
소용이랴.
　　벤자민 프랭클린 ↘ 철학자

우리는 가지고 있는 15가지
재능으로 칭찬 받으려 하기보다,
갖고 있지 않은 한 가지 재능으로
돋보이려 안달한다.
　　마크 트웨인 ↘ 시인

→ 머릿속으로만 생각하지 말고, 당신의 타고난 능력과 재능을 떠오르는대로 나열해보자. 그리고 앞으로 5년에 걸쳐 이 중에 한두 가지 재능을 꽃피우겠다고 결심하라.

LIFE IS EITHER A DARING ADVENTURE OR NOTHING

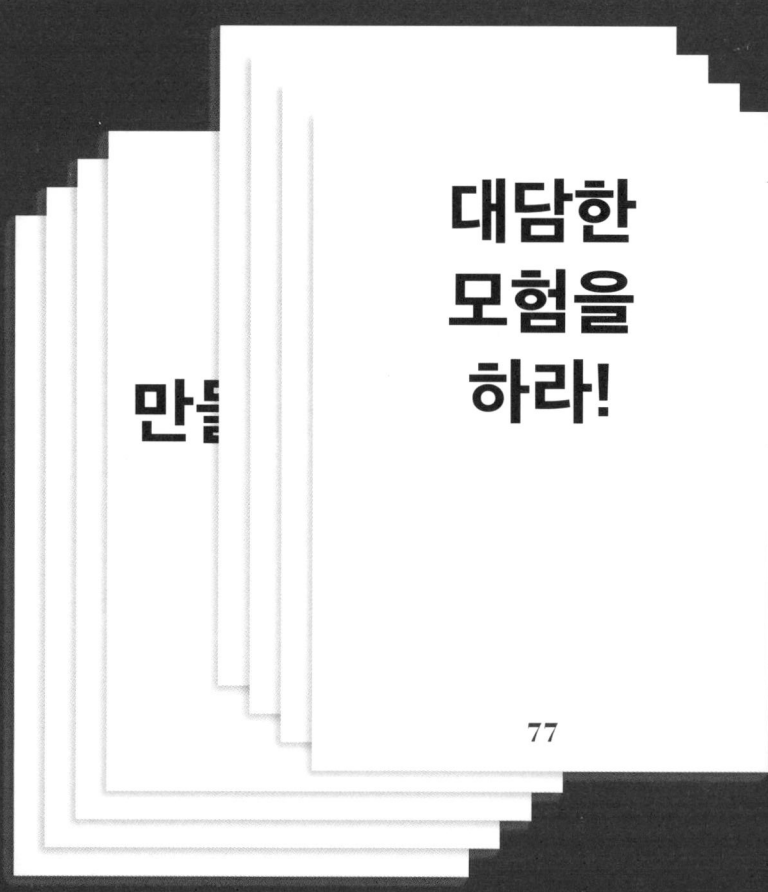

대담한 모험을 하라!

삶은 말 그대로 차를 타고 달리는 것이다.

우리 모두는 안전벨트를 매고 있지만 아무도 그 차를 멈출 수 없다. 의사가 당신의 엉덩이를 탁탁 치며 세상으로 내보낼 때, 그는 개찰구에서 검표하듯 '티켓'을 뜯어내고 당신을 인생이라는 차에 태워 보내버린다. 청년과 성년을 거쳐 노년까지 각각의 계단을 밟을 때마다 당신은 때로 두 팔을 높이 들어 소리치기도 하고, 때로는 그저 앞에 놓인 철봉대에 매달려 있을 것이다. 그러나 삶의 마지막 시점에 당신의 가장 큰 소망은 분명, 머리가 헝클어지고 숨은 가쁘고 땀에 젖어 있는 그런 상태일 거라 생각한다. 최선을 다해 열심히 살아온 바로 그 모습 말이다.

모험은 그 어떤 불행에도 해결의 문을 열어 준다.

미겔 데 세르반테스 _ 작가

오늘 하루 일탈할 수 있다면

반복되는 일상의 틀을 깨라

즉흥적으로 뭔가를 하면 어떻게 될까?
지금 당장 당신이 그것을 하고 싶기 때문에,
아니 그저 당신이 살아 있다는 이유만으로
하루에 정해진 일과를 하지 않을 권리가
있다는 생각이 든다면
그 순간은 언제일까?

24시간 중 10초만 멈춰라

그리고 알아차리라. 삶이 계속되는
모험이라는 사실을.
당신이 매일 정해진 일상에 치여
이를 잊고 있다는 사실을.

당신 스스로를 놀라게 하라

때때로 당신이 아닌 모습이 되어 보라.
그리고 날마다 멋진 일을 해보라.
그때 당신은 새로운 방향으로 나아갈 수 있다.

» 모르는 이에게 아침인사를 건네보라.
» 화려한 색깔의 양말을 신어라.
» 출근할 때 경치가 좋은 길을 택하라.
» 잠시라도 라디오 주파수를 베토벤이나 라틴 아메리카의 음악 채널로 맞추어보라.
» 점심 때 새들에게 모이를 주라.
» 헌혈을 해보라.
» 어머니에게 전화하라.
» 불꽃처럼 붉은 화초를 사라.
» 예전에 먹어본 적이 없는 채소나 과일을 먹어보라.

삶을 음미하라.
기억하라,
　우리는 이 길을
　　단 한 번만
　지나간다.

- » 사랑하는 이에게 러브레터를 써보라.
- » TV를 끄고 아이들과 대화하라.
- » 무술이나 색다른 춤을 배워보라.
- » 앞으로 나가 화려한 프레젠테이션을 하라.
- » 판매목표 따위는 머릿속에서 지워라.
- » 전혀 다른 멋진 꿈을 꾸라.
- » 엉뚱할 정도로 놀라운 식사를 준비하라.
- » 충격적인 농담을 해보라.

SEE THE

세상을 다니면 경이로운 일들이 기다린다!

세계 자연의 불가사의
- 에베레스트 산
- 호주 그레이트 배리어 리프 (대보초)
- 그랜드캐년
- 짐바브웨 빅토리아 폭포
- 리우데자네이루 항
- 멕시코 파리쿠틴 화산
- 북극광

세계 현대의 불가사의
- 브라질 이타이푸 댐
- 캐나다 CN 타워
- 파나마 운하
- 중국 만리장성
- 미국 금문교

세계 잊혀진 자연의 불가사의
- 베네수엘라 앙헬 폭포
- 캐나다 펀디 만
- 브라질 이과수 폭포
- 일본 후지산
- 탄자니아 킬리만자로 산
- 나이아가라 폭포

세계 잊혀진 현대의 불가사의
- 영국의 빅벤
- 프랑스 에펠탑
- 이집트 아스완 댐
- 말레이지아 페트로나스 타워

당신은 무엇을 직접 눈에 담고 싶은가?

세상에는 수많은 불가사의가 존재한다. 비록 세계 7대 불가사의 원조 중 이집트 기자의 대피라미드만이 온전한 상태를 유지하고 있지만, 찾아가 볼 수 있는 여타 절경과 불가사의는 얼마든지 남아 있다. 5년간 두 눈으로 직접, 적어도 한 가지 불가사의를 볼 수 있다면 당신은 무엇을 직접 눈에 담고 싶은가? 가장 가고 싶은 곳을 택해 동그라미를 치거나 당신만의 목록을 만들어보자. 허나 반드시 직접 가서 보라! 이것은 당신의 삶이며, 단 한 번 주어지는 유일한 삶이다.

그대, 불가사의를 보게 될 지니!

윌리엄 셰익스피어 ㄴ 작가

지금부터 죽기 전까지 꼭 눈에 담고 싶은 세계의 불가사의 리스트를 적어보자.

세상이 궁금하다면

WONDER & WANDER

지도 밖으로 행군하라

나는
항상
이렇게
하고
싶었다!

- 월드컵 축구 경기가 열리는 운동장에 앉아 있고 싶었다.
- 세상에서 가장 빨리 난다는 왕나비의 이동 경로를 따라 가고 싶었다.
- 올림픽의 흥분과 영광을 누리는 일원이 되고 싶었다.
- 월드 시리즈가 열리는 야구장 외야 관중석에 앉아 응원하고 싶었다.
- 브라질 삼바축제에서 정열적인 분위기에 빠져들고 싶었다.
- 몽골에서 말타기를 하며 징기스칸 후예들과 신나게 달리고 싶었다.
- 스페인 팜플로나에서 황소와 달리고
  토마토 축제에서 실컷 토마토를 던지고 뒤집고 범벅이 되어
  하루를 보내고 싶었다.
- 독일 뮌헨 맥주 축제에서 낯선 사람들과 어울리며 축배를 들고 싶었다.
- 미국 몬테레이 재즈 페스티벌로 소풍을 가고 싶었다.
- 세계 요트 경주 대회에서 바다의 물보라를 느끼고 싶었다.
- 영화 <스타트렉> 컨벤션에 괴짜 팬으로 참여하고 싶었다.

세계적인 규모의
행사에 참여하라

→ 당신만의 목록을 만들어보자. 그게 힘들다면 책에 나온 리스트 중에서 선택해보자. 어떤 행사든 말로 설명하기는 힘들기 때문에, 반드시 무조건 직접 가보아야 한다.

＊ 나는 진짜 …에 갈 작정이다. ＊

최초의 여성 우주인인 아누셰흐 안사리는 평소 별을 올려다보길 좋아했다. 그래서 2006년 우주여행자가 될 수 있는 기회가 찾아왔을 때 전혀 주저하지 않았다. 우주여행을 마치고 카자흐스탄의 코스모돔으로 돌아온 후 그녀는 이렇게 말했다.

"우주에 있다는 것 자체가 너무 행복했어요. 만약 제가 선택할 수만 있었다면, 아마 더 오래도록 머물렀을 것 같아요."

내 세계를 확장시키는 법,
"나의 뿌리는 어디일까?"

당신의 조상은 누구였으며, 당신은 어떻게 조상들의 이야기를 접하게 되었는가? 그들은 중국의 유목민 아니면 일본의 승려였을까? 그도 아니면 대륙을 건너온 아프리카의 무역상 아니면 북극의 에스키모였을까?

오늘날 단 20분 안에 클릭 몇 번이면 당신의 조상에 대해 많은 것을 알아낼 수 있다. 인터넷에서 '가계, 혈통'이라는 단어를 치고 한 번 들어가 보자.

당신 조상의 고향을 찾아가 보라. 조상이 누구이건, 조만간 그들의 고향을 찾아갈 계획을 세워라. 그들이 태어난 곳의 언덕이나 마을을 걸어보라. 그들의 꿈과 희망, 열망을 느껴보라. 가능하다면, 그들이 먹던 곳에서 먹어보고, 그들이 마셨던 곳에서 마셔보고, 그들이 노래하던 것을 노래하고, 그들이 잠자던 곳에서 잠을 청하라. 또 그들이 기도하던 곳에서 기도하라.

당신이란 사람은, 유구한 그 혈통에서 가장 최근에 태어난 신인류다. 당신은 그들이 가지고 있던 수많은 장점과 DNA를 몸 안에 담고 있다. 따라서 직접 조상의 고향을 둘러보고, 그들의 삶을 듣고, 느끼고, 맛보고, 만져볼 충분한 자격이 있는 사람이다.

TRUST YOUR CRAZY IDEAS

당신의
말도 안 되는
아이디어를
믿어라

89

우리는 초등학교에 다닐 때부터
최고의 정답과 아이디어는
책 안이나 다른 누군가의 머릿속에 있다고 배운다.
그러나 세상의 정답을 만들어가는 건
당신의 머릿속에 있는 다양한 꿈과
말도 안 되는 새로운 아이디어다.

대단히 멋진 아이디어를 내놓는 일은 쉽다.
'가능하기만' 하다면, 누구나 '굉장하다'고 동의할 수 있는 무언가를 떠올려보라.
그런 다음 그것을 가능한 현실로 만들기 시작하면 된다.

아먼드 해머 _ 기업가

2005년 대학생 3명이 온라인에서
친구들과 동영상을 공유할 수 있는
간단한 방법이 있었으면 좋겠다고 생각했다.
그래서 그들은 사실상 그 어떤 웹 브라우저에서도
모든 동영상을 재생할 수 있는
간단한 발명품을 서둘러 준비하여
'유튜브'라는 이름으로 작은 회사를 시작했다.

1년 후, 그들은 16억 달러에 유튜브를 구글에
매각했고, 「타임」은 그들의 아이디어를
'올해의 발명품'이라고 불렀다.

당신의 유튜브는
무엇인가?

▶

오늘 당장 노트를 꺼내어 인류에게 도움을 줄 몇 가지 굉장한 아이디어를 적어보라. 하나의 아이디어가 개인의 삶과 가정은 물론, 기업과 나라 더 나아가 세상을 바꿀 수 있다. 사람들은 누구나 1년에 한두 개의 아이디어를 내놓는다. 앞으로 5년간, 매주 새로운 아이디어 하나씩을 내놓는 일에 몰두하라. 5년 후면 250개의 아이디어가 생길 것이다. 이는 대부분의 사람들이 평생 내놓는 아이디어보다 더 많은 수다. 그 중의 몇 개는 말 그대로 천재성이 번득이는 아이디어가 될 수 있음을 믿어라!

매일 우리 머릿속으로 수천 개의 개념과 육감, 아이디어와 직관이 흘러간다.
그 중에는 누가 봐도 천재성이 반짝이는 것들이 있다. 그런 아이디어는 잠시 멈추어,
최소한 노트에 옮겨써 내려갈 시간을 주도록 하라.

모든 생각을 거꾸로 뒤집어보라. 그러면 세상에 무슨 일이 일어나도
흔들리지 않는 체질이 된다. 모든 전통이 한때는 오해를 불러왔다.
마찬가지로 모든 아이디어는 한때 비웃음을 면치 못했다.

문제에 대한
차선책을 찾아라

중대한 문젯거리에 봉착하거나 일에 차질이 생기면, 많은 사람들이 그야말로 쉽게 자신의 꿈이나 본래 계획을 포기해버린다. 그러지 말고 문젯거리 자체를 창의적으로 풀어야 할 일종의 기회로 생각해보자. **장애물이 있다면 해결책도 있기 마련이다.** 이 사실을 깨닫기 바란다. '차선책'을 찾는 마법을 부려라.

여기 하나의 사례가 있다. **자, 이렇게 상상해보자.** 당신과 파트너는 오래 전부터 둘 다 일을 그만두고, 앞으로 몇 년간 신상 캠핑카를 타고서 온갖 고속도로와 국도를 탐험하기로 계획을 세워왔다. 그런데 문제가 생겼다. 여행 준비를 마치고 떠나기 직전 당신은 석유 가격이 엄청나게 급등했다는 사실을 문득 깨닫는다. 그리고 그 만큼의 돈을 저축하지 못했다는 사실도 함께 깨닫는다. 어찌 할 것인가? 이 계획을 포기해야 할까?

여기 차선책이 있다. 57세의 대니얼 포드와 51세의 베키 포드 부부는 이와 비슷한 상황을 경험했다. 그들은 그러한 문제들 속에서 다른 가능성을 찾아보았고, 결국 차선책을 발견했다. 먼저 그들은 캠핑카를 구입하지 않기로 했다. 그러니 자연스레 유류비, 보험료, 유지비를 내지 않게 되었다. 더 나아가 포드 부부는 함께할 수 있는 장거리 트럭 운전사의 자리를 구했다. 결국 그들은 멋진 캠핑카를 타고 미국 전역을 여행하는 대신, 모든 장비가 장착된 18개의 바퀴가 달린 장거리 트럭을 타고 길을 나섰다. 원래 그들이 계획을 세우며 저금한 돈에 손을 대지 않고도 온 미국을 둘러보면서 돈을 벌 수 있었던 것이다.

? "이 일을 할 수 있을까?"라고
절대, 절대 묻지 마라.

지금부터는
"이 일을
어떻게 할 수 있을까?"라고
묻기 시작하자.

! 여기 바로 그 원리가 있다.

먼저 문제에 대한 차선책이 없는지 매사 면밀히 살펴보라. 처음에는 부서진 꿈처럼 보였던 일들도 실제로 실현 가능한 꿈이 될 수 있다. 당신이 가진 자원은 당신이 상상하는 것보다 언제나 훨씬 더 훌륭하다는 사실을 명심하라.

EVERY DAY MATTERS

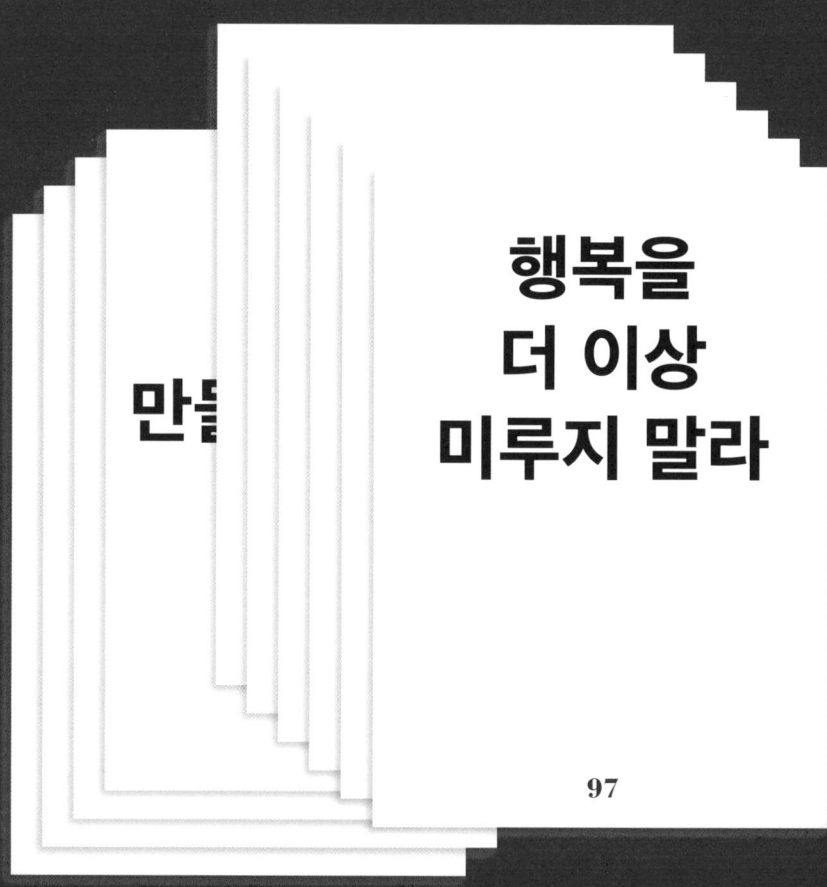

행복을 더 이상 미루지 말라

중요한 것은 지금, 여기다.
현재에 집중하라.
과거는 바꿀 수 없고,
미래는 끊임없이 변화한다.

변화하지 않는 것은 '변화한다'는 사실뿐이고,
변화 역시 일정한 비율과 일정한 방향으로 끊임없이 변화한다.
미래는 지금도 계속해서
당신의 운명이 정해져 있지 않음을
수많은 꿈들과 사람들을 통해 보여준다.

지금을 두려워하지 마세요. 오늘 바로 지금 이 순간을 즐기세요.

랜디 포시 、교육자

당신의 남은 날을
×
계산한다면

하루하루 그 날이 당신의 마지막 날인 것처럼 살아가라….
왜냐하면 언젠가 '**매순간이 중요하다**'는 당신의 생각이 옳았다고
깨달을 날이 올 것이기 때문이다.

➡ **인생이란 여정에서 지금 당신은 어디에 있는가?**

1. 연필을 꺼내서 산수를 해보자.

2. 당신 나이에 365일을 곱하라.
   (그러면 날수로 지금 당신의 나이를 알 수 있다.)

$$\begin{array}{r} 365 \\ \times \text{ 햇수로 보는 당신의 나이} \\ \hline = \end{array}$$

3. 27,375에서 그 숫자를 빼라.
   (이 숫자는 오늘날 평균 수명 75세를 가리킨다.)

$$\begin{array}{r} 27,375 \\ - \text{ 날수로 보는 당신의 나이} \\ \hline = \end{array}$$

앞으로 나에게는 _____ 일이 남아 있다.

**짜증내며 살기에는
삶이 너무 짧다**

태도는 하나의 선택이다.
우리는 세상을 바라보기로 결정한 방식대로,
우리만의 세상을 창조한다.
앞으로 5년 동안 당신의 정신은
두려움, 걱정, 문젯거리, 비관주의나 절망에 초점을 맞출 수 있다.
혹은 반대로 자신감, 기회, 해결책, 낙관주의와 성공에
중점을 둘 수도 있다.
결정은 당신 몫이다.

자기가 한 말은 지켜라

마음에 있는 말을 하고,
말하는 것에는 진심을 담아라.
세상을 올바르게 두 눈으로 보라.
정직, 열린 태도, 진정성을 갖고 살아가고 일하라.
약속을 꼭 지켜라.
그러면 그 밖에 모든 일은 물 흐르듯 이루어진다.

**모든 사람, 특히
당신 자신을 용서하라**

과거의 상처는 흘려보내라.
원망이나 복수의 감정은 일말의 가치도 없다.
그런 감정은 당신의 기운을 앗아갈 뿐이다.
용서하고 다음으로 넘어갈 수 있는 용기는
사람을 자유롭게 해준다.
이것을 원칙으로 삼아라.
"언제나 맨 먼저 용서하는 사람이 돼라.
특히 당신 자신에게는 꼭 그렇게 하라."

앞으로 나아가라

어제는 부도난 수표와 같다.
과거는 당신의 잠재력이 아니다.
당신이 과거에 남겨두고 온 것보다
앞으로 훨씬 더 좋은 것들이 존재한다.
앞으로의 5년은 깨끗하고 밝은 모습으로
텅 비어 있는 캔버스와 같다.
그 위에 당신이 할 수 있는 한,
온갖 물감을 바르고 칠할 것이라고 결심하라.

걱정은 이제 그만두라

우리가 걱정하는 100가지 중에
99가지 일은 결코 일어나지 않는다고들 한다.
만약 내일 무슨 일이 일어날지 걱정하기를 그만둔다면
실제로 당신이 오늘을 즐기고 음미할 수 있는
시간이 좀 더 많아지지 않겠는가?
6개월 전에 무슨 걱정을 했었는가?
1년 전에는? 5년 전에는?
당신이 그렇게 걱정하던 일 중에서 실제로 몇 가지나 일어났는가?

감사하라

지구상 60억 인구의 눈으로
당신의 삶을 바라보는 일은 이제 그만하라.
말 그대로, 바로 지금 당신이 있는 자리와
기꺼이 바꾸려는 사람이 아마 수만 명은 되고도 남을 것이다.
그러니 매사에 감사하라.

행복은 소소한 것에서 시작된다

소박하게 생각하는 것은 삶의 기술이다.
삶의 행복은 누군가의 미소, 도움을 주는 손길,
정성 어린 마음, 한 마디의 칭찬,
함께 크게 웃어보는 한 순간 등
소소한 것으로 이루어진다.
우리는 그런 순간에 살아 있음을 느끼기 때문이다.
그러니 그런 소소한 것들을 삶의 향기로 채워 즐기자!

What you focus on increases.

당신을 도와주는 사람들에게 감사하라

**예전의 당신에게서
무언가를 알아보는 사람들이 있었다**

    이런 작지만 소중한 이유들이 모여 당신은
오늘날 그곳에서, 그 모습으로 살아간다.
격려해주시던 선생님,
사랑해주시던 부모님,
마음을 나누던 친구,
용기를 주던 상사나 사려 깊은 동료들이 바로 그 주인공이다.
당신이 살아오면서 도와준 사람 모두에게
감사할 방법을 찾아라. 내일까지 기다리지 말라.
오늘을 놓치면 영영 그런 날이 찾아오지 않을 수도 있다.

**앞으로 5년 동안 당신 삶을 두루 살펴
그 길 위에서 당신을 변화시켰던 사람들에게
감사하는 시간을 만들어라**

    갑작스럽게 편지를 보내거나
전화를 하거나 직접 찾아간다면
그들에게는 세상을 다 얻은 듯한 즐거움이 될 것이다.
그들이 당신에게 베풀어준 것만큼만 감사하지 말고,
그들이 당신에게 참으로 의미 있는 존재임을
알려줄 수 있는 만큼의 고마움을,
진심으로 전하라.

당신은 이 세상에서 가장 멋지고
숨 막히게 아름다운 곳을 둘러볼 수 있지만,
'언제나 혼자서'라면 그것은 아무런 의미가 없을 것이다.
나는 스페인 바르셀로나의 어느 바닷가에서 멋진 석양을 보며 앉아 있었다.
도시를 둘러싼 언덕 뒤편으로 태양이 사라지자,
온 하늘이 핑크빛으로 물들었다가 다시 오렌지색으로 바뀌었다.
마치 마법에 걸린 것처럼 도시의 빛깔이 새롭게 나타나기 시작했다.
숨이 멎을 것만 같았다.
하지만 그 때 내가 원했던 건 단 한가지였다.

'누군가와 함께 이 광경을 볼 수만 있다면…!'

"우와, 저것 좀 봐!"라고 말하며 함께
감탄해줄 친구가 절실했던 것이다.
타인과 연결되고픈 본능적인 욕구를
인식한다면, 당신은 이미 그 관계를
이루는 길의 절반을 온 셈이다.
관계란 타인과 함께 이루는 것이다.

A.C 핑ㅅ작가

**오늘 당장 '감사합니다' 목록을
만들기 시작하자!**

✡

어릴 적 같이 놀던 친구.
생애 처음 만났던 절친한 벗.
가슴에 남아 있는 선생님.
격려를 아끼지 않던 상사.
나를 배려하고 챙겨주던 이웃사촌.
그리고 대학시절 친구들.
당신이 손꼽는 최고의 남자 혹은 여자.
결혼식 주례를 서주셨던 선생님이나
출산을 도와주었던 의사.
나를 보살펴주던 멘토.
혹은 지금 당신의 모습으로 살 수 있도록,
필요한 성원과 지지를 해주었던
친구나 가족들을 떠올려보자.

✡

" 내가 고마워하는 사람들 "

감사의 법칙은 이러하다.

큰 것 보다 작은 것에,
언젠가가 아닌 바로 지금,
매순간 생각나는 사람에게,
매순간 마주치는 일상에
감사해야 한다.

세상에 태어나
한 번도
해본 적 없는
새로운 무언가를
시도했던 때를
기억하는가?

마지막으로
그런 것을
해본 적이
언제였는가?

DON'T GO THROUGH LIFE, ↙

"GROW" THROUGH LIFE ↗

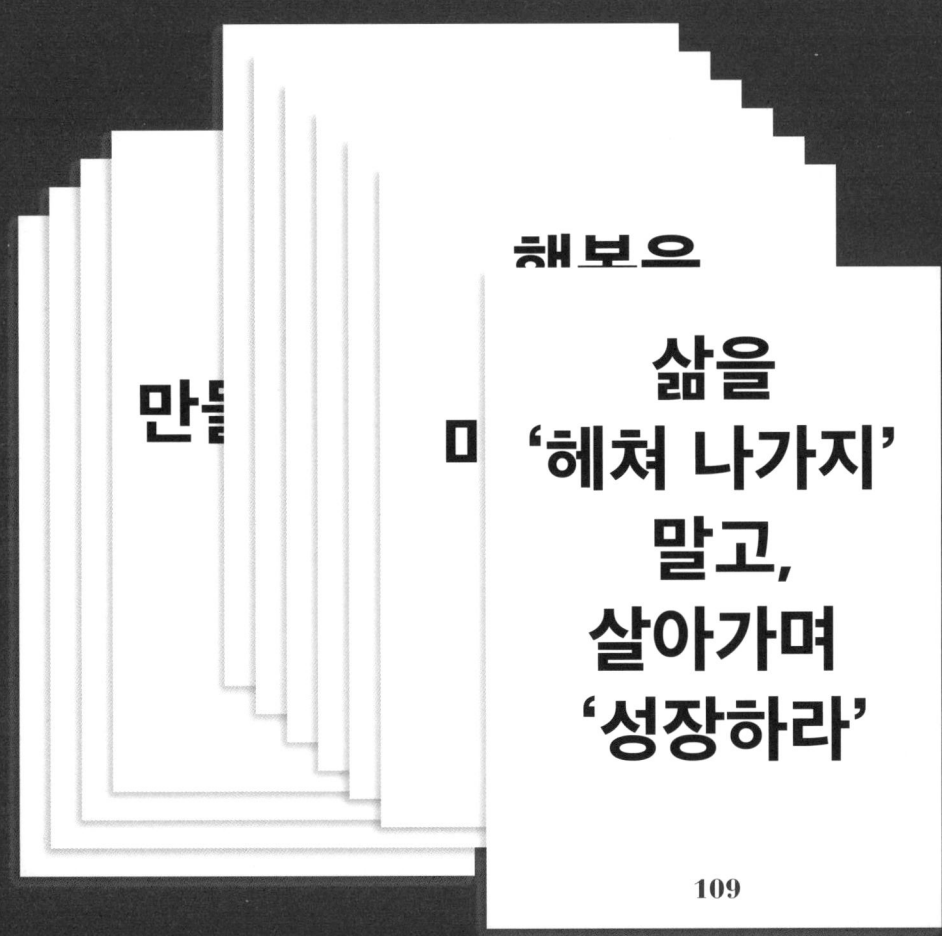

삶을 '헤쳐 나가지' 말고, 살아가며 '성장하라'

109

삶이란 시간을 거치면서
매 단계마다 배우며 성장하는
여정이다.

틀에 박혀 살아가거나 억지로 참으려 하지 말고,
삶을 하나의 모험으로 만들어보라.
앞으로 5년 동안 배우고 성장하는 데 전력을 다하겠다는 의지가
지금 그대로 머물러 있겠다는 의지보다
더 크고 강력해질 수 있도록 마음을 정하라.

사람들이 꿈을 이루지 못하는 한 가지 이유는
그들이 생각을 바꾸지 않고 결과를 바꾸고 싶어 하기 때문이다.
존 맥스웰, 강연가

나는 먼지가 되느니 차라리 재가 될 테다.
내 재능의 불꽃이 썩어 가루가 된 채
푸석거리는 나무에 질식하느니
차라리 번쩍이는 불빛 속에서
훨훨 타 버리고 사라질 테다.
나는 졸린 눈으로
영영 사라지지 않을 행성 속에 사느니,
차라리 거대한 광휘 속
내 존재의 미립자 조각으로,
기막히게 멋진 유성을 타고 살아갈 테다.
인간의 합당한 역할은 존재하는 것이 아니라,
살아가는 것이다.
나는 살아가는 시간을 늘리기 위해 애쓰느라
내 나날을 낭비하지 않을 테다.
나는 내 시간을 마음껏 이용할 테다.

잭 런던 ㄴ 소설가

불멸의 고전을 읽어라

호메로스의 『일리아드』를 집어들고 깜짝 놀랄 준비를 하라.
당신 눈으로 1,000척의 배를 출항시켰던 얼굴을 보고,
당신 귀로 고대 군대의 방패 부딪히는 굉음과
트로이의 나팔 소리를 들어라.
하지만 거기서 멈추지 말라.
레오나르도 다 빈치의 『과학노트』나 세르반테스의 『돈키호테』,
톨스토이의 『전쟁과 평화』 또는 제인 오스틴의 『오만과 편견』,
허먼 멜빌의 『백경』을 읽어라.
그러면 그 순간 이미 당신은
예전과 다른 존재가 될 것이다.

> 책을 힐끗 쳐다보기만 해도 이미 1,000년 전에 죽은 누군가의 목소리가 들린다.
> 책을 읽는다는 것은 시간을 헤치고 가는 항해다.
> 칼 세이건 ㄴ 과학자

다른 언어를 공부하라

제 2언어를 배우는 일은 세상을 보고 경험하는 새로운 방법이다.
이탈리아어, 러시아어, 페르시아어나 스와힐리어 등을 배워보라.
그리고 나서 비행기를 타고 날아가
그 언어를 가장 잘 아는 사람들과 어울려보라.

기술을 익혀라

그저 잘 하는 데 그치지 말고, 탁월해지도록 하라.
'관심과 재미'를 갖고 예술의 형태로까지 고양시켜보라.
사람들이 멀리서도 당신이 해놓은 것을
보러올 만큼 제대로 멋진 무언가를 배우고 익혀라.

전문가 혹은 달인이 되도록 하라

마술사, 프랑스 요리사,
복화술사, 볼륨댄서, 와인제조 전문가, 난초재배 전문가,
유리공예가, 무술유단자, 골프 챔피언,
사진가, 코미디언 등 분야는 다양하다.

오래된 습관을 버려라

혹시 살아가면서 당신을 방해하는 뭔가가 있다면,
이제 그것을 바꾸어야 한다고 진지하게 생각할 때가 왔다.
지금 어떤 습관이 최상의 상태를 막고 있는가?
대개 부정적인 습관을
긍정적인 습관으로 바꾸는 데는 약 30일 정도 걸린다.
하지만 그 효과는 평생을 가게 된다.

부정적인 것을 바꾸어라

무엇이 당신을 괴롭고 힘들게 하는가?
행복과 성취로 가는 빠른 길은,
먼저 무엇이 되었건 당신을 불편하게 하는 것을 완전히 없애고,
그런 다음 부정적인 것을 긍정적인 것으로 바꾸는 것이다.
이처럼 자신과 삶에 있어
괴롭고 성가신 게 무엇인지 제대로 파악하라.
그것은 우리가 살아가면서 단박에 활용할 수 있는 '교훈'이다.

몸 관리를 하라

요가, 달리기, 암벽 타기, 훌라후프 돌리기 등
무엇을 해도 좋다. 그러니 무엇이든 하라.
지금껏 그 어느 때보다
가장 멋진 몸매와 체형을 만들어보라.
앞으로 5년 동안,
당신이 항상 원했던 몸, 에너지, 건강을 얻을 수가 있다.

*"삶이란 여정은 올바른 존재가 되는 일이거나
모르는 게 없는 척 하는 일이 아님을 인식하라."*

너무 늦었거나,
너무 이른 때는 없다.

바로 지금이
가장 좋은 때다.
_____

life is

나이는 잊어라.
정말로 중요한 사실은,
언제 그것을
하느냐가 아니라
무엇을 하느냐다.
"삶은 지금, 현재다."

NOW

자, 지상에서 이루어야 할
당신의 사명이 다 끝났는지
가늠할 수 있는
좋은 시험대가 있다.
**아직 살아 있는가?
그렇다면 아직
끝나지 않았다.**

리처드 바흐 ㅣ 소설가

지금 당신이 5세이건, 105세이건 상관없이 당신 앞에는 일생의 삶이 놓여 있다.
그러니 날마다 당신의 꿈을 새롭게 가꾸어라. 무엇에 열정을 느끼는가? 항상 하고
싶었지만, 아직 하지 못했던 것은 무엇인가? 그것을 하기에 가장 좋은 때는,
바로 지금이다.

하던 일을 계속 하라.
하지만 금요일에는 하지 말고 쉬어라.
금요일, 토요일, 일요일에는 산책이나 낚시를 가라.
그런 다음, 월요일부터 목요일까지는
지금까지 해왔던 일을 하라.
여기서 핵심은, 삶을 1초도 빼지 말고
완전하게 살아가야 한다는 것,
그리고 물러나지 말라는 것이다.

당신
자신의 이야기,
그 주인공은
바로
당신이다.

YOU ARE THE **HERO** OF YOUR OWN STORY.

다른 사람의 기도에 응답이 돼라

닥터 조 블레싱은
낯선 두 사람이 우연히 만난 이야기 하나를 들려준다.

할머니 한 분이 공원 벤치에 앉아 있다. 그 할머니는 자살을 떠올릴 정도로 외롭고 실의에 빠져 있었다. 마침 한 청년이 할머니 옆에 다가와 앉았다. 두 사람은 아무 말 없이 몇분간 비둘기에게 모이를 주었다. 그러다 그 청년이 일어나 할머니에게 고개를 돌리더니, 좋은 시간을 함께 할 수 있어서 감사하다는 인사를 건넸다. 아이러니하게도 사소한 듯 보이는 이 작은 친절 앞에서 할머니는 삶에 대한 자신감을 다시 얻었다. 그 청년은, 자신이 그 할머니의 응답이 되었다는 사실조차 까마득히 몰랐다.

어느 날, 미처 깨닫지 못하는 사이에
어쩌면 당신은 누군가의 기도에 응답이 될 수도 있다.

만약 이웃이나 공동체 사람들에게 다가갈 수 없을 정도로 바쁘다면, 당신은 그야말로 지나치게 바쁜 사람이다. 당신의 손길, 배려와 사랑이 정녕 타인의 삶에 경이로운 작은 기적을 일으킬 수 있다는 사실을 절대 잊지 말라.

앞으로 5년 동안, 일주일에 한 번씩 당신이 소중하게 여기는 사람에게 전화를 걸어라.

또는 혼자 사는 쓸쓸한 이웃에게 전화를 하거나, 은퇴한 사람들이 함께 모여 있는 곳으로 가 어르신들을 만나보라. 그리고 함께 산책하라. 햇살을 받으며 즐거운 시간을 보내라. 함께 아이스크림을 먹어보라. 웃고, 껴안고, 때로는 함께 울기도 하라. 앞의 나온 이야기처럼 함께 공원에 가서 새들에게 모이를 주어라.

> 세상으로 보자면 당신은 그저 한 사람일 뿐이지만, 한 사람에게 당신은 온 세상이 될 수도 있다.
> ― 조세핀 빌링스 ㇏ 작가

> 우리는 다른 누군가를 위해 선한 일을 하려고 이 세상에 왔다. 나머지 다른 이들이 무슨 목적으로 여기에 존재하는지, 그건 나도 알지 못한다.
> ― W. H. 오든 ㇏ 시인

HOW WILL YOU

당신은 어떻게 세상을 바꿀 것인가?

CHANGE THE WORLD?

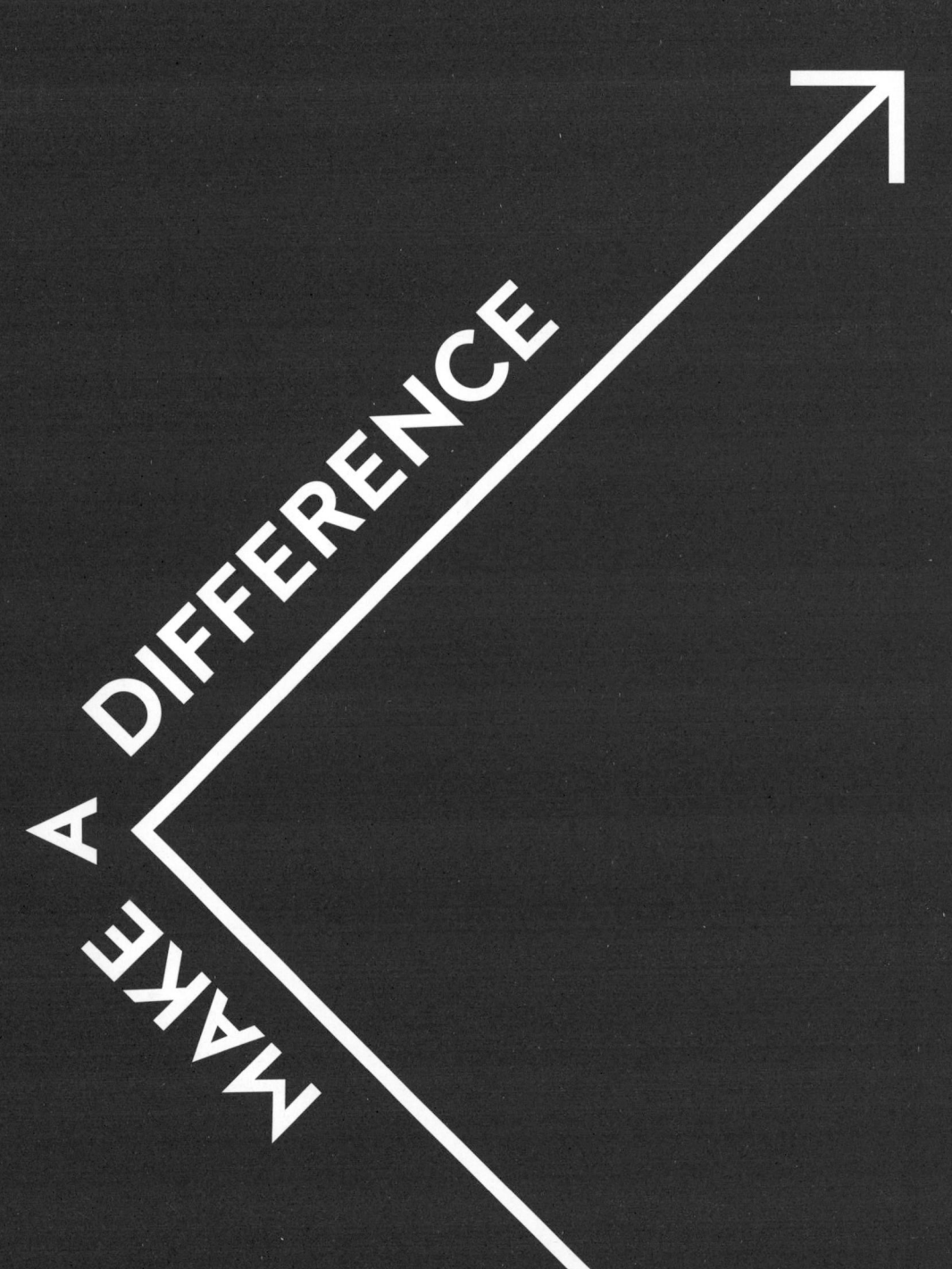

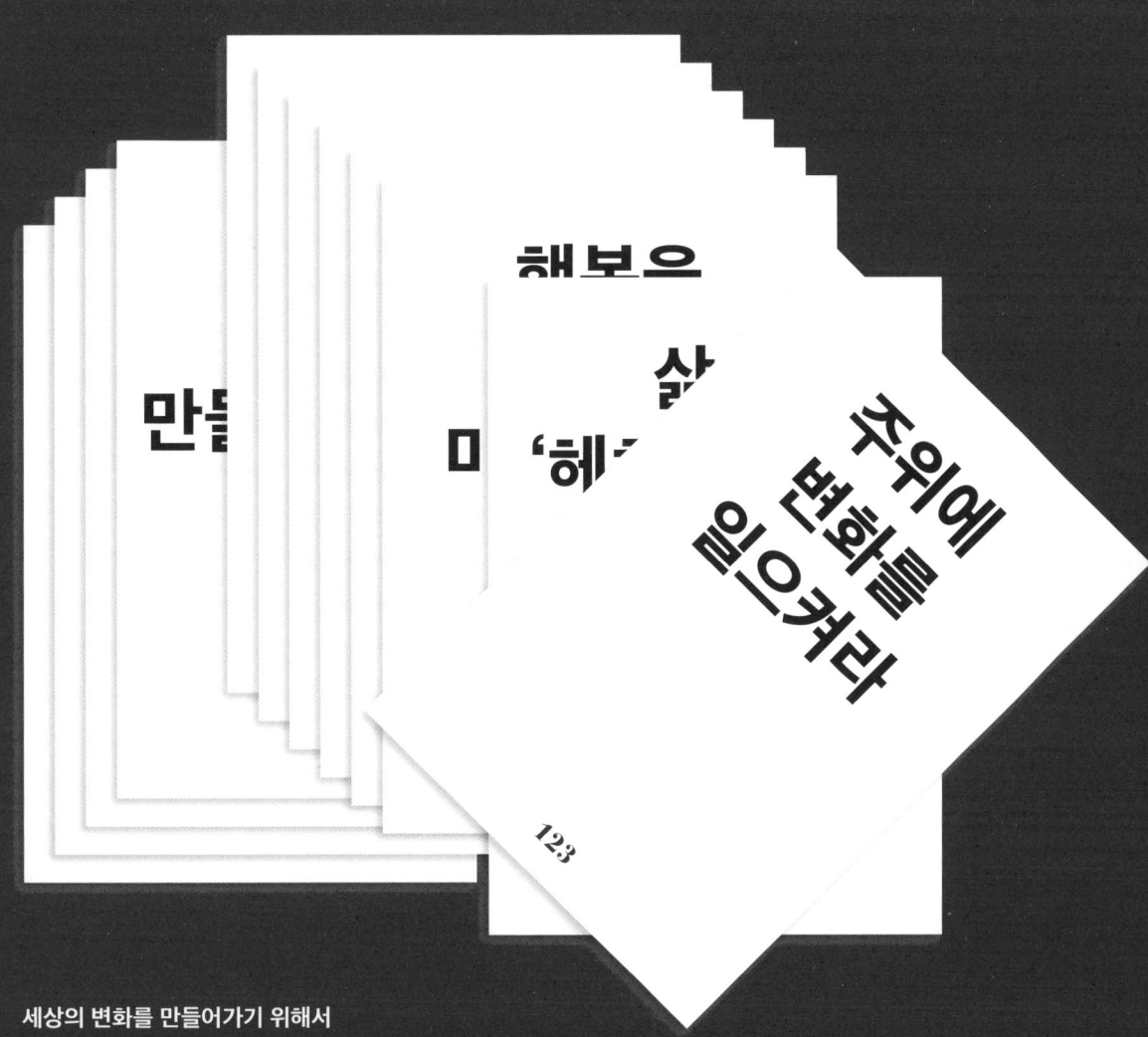

세상의 변화를 만들어가기 위해서
일을 그만두거나 가족을 희생시키거나
여가 시간을 모조리 쓸 필요는 없다.
우리는 일주일에 몇 시간만으로도
주변의 풍경을 바꿀 수 있다.

나는 매일 아침마다 세상을 바꾸려는 결심과 굉장히 즐겁게 하루를
보내고 싶다는 두 가지 마음을 먹고 일어난다.
E. B. 화이트 ˌ 철학자

방글라데시의 무함마드 유누스는
"먹고 살기 위해 매일 고군분투하는 전 세계 수천 만 명의 사람들에게 존엄성을 되찾아 주고 그들의 자녀가 살아갈 미래의 더 나은 삶에 대한 희망을 안겨주겠다"라는 꿈을 꾸었다. 그래서 그는 먼저 대나무로 의자를 만드는 일을 하며 생계를 꾸리는 가난한 사람들에게 적은 돈을 빌려주는 '소액 대출'을 시작했다. 그들은 대나무를 짜는 도구를 사야 했지만 돈이 없었다. 하지만 **아무런 신용이나 담보가 없는 그들에게 시중 은행은 돈을 빌려주지 않았다.** 그렇다고 고리대금업자를 찾아갈 수는 없었다. 이런 현실 앞에서 유누스는 가난한 **사람들에게 소규모 사업 자금을 빌려준다는 아이디어를 추진했다.** 이것이 바로 그라민은행의 출발이다. 소액 대출이라는 선구적인 개념을 인정받아 유누스는 2006년 노벨 평화상을 받았다. 이후 그라민은행은 약 700만 명의 사람들에게 총 57억 달러를 빌려주었다.
그 사람들의 대부분은 도심에서 멀리 떨어진 외딴 시골에서 살았다. 유누스는 노벨상 상금으로 무엇을 하고 싶으냐는 질문에 "집 없고 가난한 상황을 박물관에 가져다 놓고 싶다"라는 소망을 토로했다.

↓
↓
↓
↓
↓
↓
↓

당신은,
지금까지
당신이 기다려온
바로 그 사람이다.
당신이 가진
아이디어를 적어보고,
세상을 좀 더
나은 방향으로
만들어라.

↓
↓
↓

"만약 우리가 저마다
　　일주일에 5시간을 기부한다면,
그건 자원봉사자
2000만 명의 활동과
　맞먹을 것이다."

우피 골드버그 ㄴ 영화배우

아프고, 따돌림 당하고,
굶주림과 전쟁으로 고통 받는 사람들을 위해
눈물 흘리는 그대에게 신의 축복이 있기를.
그리하여 그대의 손길로 그들을 위로하고,
그들의 아픔을 기쁨으로 바꾸기를.
세상에 변화를 일으킬 수 있다는 생각을 할 정도로
어리석은 그대에게 신의 축복이 있기를.
그리하여 그대가,
남들이 할 수 없다고 하는 것을 하게 되기를.

프란치스코 수도회, <축복의 기도> 중에서

You car

✡ 당신이 신경 쓰고 있는 사회 문제는 무엇인가?
만약 누군가가 그것 때문에 무슨 일이라도 해야 한다고 느낀다면,
당신이 바로 그 누군가가 돼라.

당신이 열정을 바치고자 하는 이유와 명분을 나열해보고, 바로 참여하라.
자발적으로 활동을 시작하라.

change the world.

당신이 삶의 어느 영역에서 성공한다면, 어디에선가, 어느 때인가, 누군가가 올바른 방향으로 당신을 이끌어주고 기운을 북돋아주었거나 아이디어를 제공했다는 사실을 기억하라. 우리는 저마다 우리의 삶을 바꾸었던 소소한 보살핌과 배려를 해준 누군가를 떠올리며 삶을 되돌아볼 수 있다. 우리에게 단순히 가르침을 준 게 아니라 우리와 함께할 시간을 내고 우리를 믿어준 그런 배려를 뜻한다. 오늘 당장, 당신의 삶 속에서 누군가의 멘토가 되어 주는 시간을 만들겠다고 결심하라. 그들에게 당신만이 줄 수 있는 선물과 능력을 주겠노라고 마음을 정하라. 당신이 알고 있는 지식만을 주려하지 말라.

당신의 모습 그대로, 존재 자체를 주도록 하라!

누구에게 멘토가 되어야 할지 떠오르는 사람이 없는가? 그렇다고 결심을 중단하지 말라. 자, 이제 당신이 동생에게 언니나 오빠, 형이나 선배가 되어보자. 당신에게 든든한 멘토가 되어주었던 언니, 오빠, 형, 선배들에게 연락해보라. 그들은 방법을 알려줄 것이다. '든든한 언니, 오빠, 형, 선배들'과 '멘토를 구하는 후배, 동생들'이 평생 가는 추억을 만들기 위해, 어떻게 만나고, 어울리고, 조화를 이루었는지를 말이다.

내가 나 자신을 믿기도 전에,
나를 믿어주신 당신에게 감사합니다.

코비 야마다 ㄴ 작가

HOW DO YOU WANT TO BE REMEMBERED?

당신은 어떻게 기억되고 싶은가?

왔던 것은 모두 언젠가 돌아가게 마련이다.
이것이 삶이라는 드라마 안에서 일어나는
깊고도 신비로운 비밀이다.

잘 보낸 하루가 편안한 잠을 주듯이 잘 쓰인 인생은 평안한 죽음을 준다.
레오나르도 다 빈치 ╮ 예술가

→ 다음의 퀴즈는 인터넷에 등장해 지금은 전 세계 어디서든
볼 수 있다. 당신도 한 번 답해 보자.

1 세계 최고 부자 5명을 말해보라.

2 지난 5년간 한국 야구를 주름잡은 최고의 선수 5명을 말해보라.

3 지난 5년간 미스코리아 대회에서 진으로 뽑힌 5명의 미인을 말해보라.

4 노벨상이나 퓰리처상을 받은 이들 중에 10명을 말해보라.

5 지난 6년간 아카데미 여우주연상과 남우주연상을 받은 6명의 배우를 말해보라.

6 지난 10년간 야구 월드시리즈 우승팀을 말해보라.

우리 중에서 과거의 헤드라인을 기억하는 사람은 아무도 없다.
이제 박수갈채는 사라지고, 트로피 색깔은 바랬다.
자고로 눈부신 업적은 잊혀지고,
영예로운 포상과 상장은 그들과 함께 묻히는 법이다.

➡ **자, 이제 퀴즈 하나를 더 풀어보자.
당신이 어떻게 답하는지 새삼 궁금해진다.**

1 지난 학창시절을 보내면서 도움을 주었던 선생님 몇 분을 말해보라.

2 힘든 시간을 보낼 때 도와주었던 친구 3명을 말해보라.

3 당신에게 가치 있는 무언가를 가르쳐준 사람 3명을 말해보라.

4 당신을 특별하다고 느끼게 해주었던 사람 몇 명을 떠올려보라.

5 함께 즐거운 시간을 보냈던 사람 3명을 떠올려보라.

6 당신에게 영감을 주었던 소설 속 주인공 3명의 이름을 말해보라.

대답하기가 조금 더 쉬워졌는가?

기억하라.

당신 삶에 변화를 일으키는 사람들은
유명하고, 돈 많고, 큰 상을 받은 사람이 아니라
당신을 아끼고 사랑하는 사람들이다.

나만의
성공에 대한
정의를
내려라

성공이란 한 걸음씩 앞으로 나아가며 가치 있는 이상을 실현하는 것이다.

얼 나이팅게일 ↘ 강연가

성공이란 삶을 즐기고, 무엇이든 당신을 진짜 행복하게 해주는 일을 하는 것이다.

빈스 파프 ↘ 작곡가

성공이 무엇이냐고? 조금 의외라고 생각하겠지만 당신의 인생 어휘 사전에서 '성과'나 '업적'이라는 단어를 없애고 대신 '기여'나 '공헌'이라는 단어를 넣는다면 비즈니스와 커리어 양쪽에서 가장 멋진 결과를 얻을 것이다.

피터 드러커 ↘ 경영학자

성공이란 자신보다 더 크고 멋진 방향에 혼신을 다하면 으레 따라오는 부수적인 효과다.

빅터 프랭클 ↘ 심리학자

성공이란 얼마나 높이 올라갔느냐가 아니라, 얼마나 많은 사람들과 함께 갔느냐로 평가된다.

윌 로즈 ↘ 의사

성공이란 당신의 잠재력을 최대한까지 끌어올려 살아가는 것이다. 그저 삶을 보여주려 하지 말라. 진짜 삶을 살면서, 즐기고, 음미하며, 느껴보라.

조 캡 ↘ 운동선수

만약 성공이 당신의 언어가 아니라 세상의 눈으로 봤을 때 훌륭한 것이라면, 혹은 정작 당신 마음에서 감흥을 끌어내지 못한다면, 그것은 결코 '성공'이라고 부를 수 없다. 이제 당신이 생각하는 성공의 정의를 써보자.

'자유롭게 피어나기'
이것이 내가 내린 성공의 정의다.

게리 스펜스 ㄴ 변호사

삶이 끝나가는 순간이 다가왔을 때, 내 삶에 기뻐하며 박수를 쳐주는 사람이 되고 싶은가? 아니면 후회와 미련의 눈길을 던지는 사람이 되고 싶은가? 내일부터 중요하다고 생각하는 모든 일을 오늘 당장 시작하라.

이 세상을 떠나기 전 당신이 줄 수 있는 모든 것을 다 주고 가라. 자녀에게 남겨줄 수 있는 최고의 유산은 충만하고 의미 있는 삶을 살아가는 법을 보여주는 것이다. 당신의 삶을 살아라. 그러면 당신의 자녀가, 또 그 자녀의 자녀가, 당신은 굉장히 멋진 가치의 상징이었으며, 동시에 당신이 그 가치대로 살았다고 말해줄 것이다.

잠시 눈을 감고 오늘이
당신의 100번째 생일이라고
상상해보라.
자녀와 손주들이 생일잔치
준비를 하고 있고,
기자들이 인터뷰를 하러와 있다.

그 기자들에게
당신의 삶에 대해
무슨 말을 해줄 것인가?
그간 이룬 성과나 업적?
아니면 후회스러운 일?

자, 이제 눈을 떠보라.
아직 늦지 않았다.
아니,
당신은 이제 새로운
인생 출발선에 섰다.

나는 삶이 끝나는 순간,
그저 생의 세월로만 살아왔다는
생각을 하기는 싫다.

그 세월과 더불어,
생의 넓이만큼
　아름드리 살아왔다고
자부하고 싶다.

　　　　　　다이앤 애커먼 ㄴ 소설가

이것은 당신 시간의 기록이다.
이것은 당신의 영화다.
당신의 꿈과 환상을 마음껏 펼치며 살아가라.

밤이면 스핑크스에게 삶의 수수께끼를 속삭여라.
거리의 카페에 몇 시간이고 앉아
당신의 영웅들과 차를 마셔라.
예술가 마을 남프랑스와 위대한 자연의 고장 뉴멕시코로 순례를 가라.
어느 곳이든,
무엇이든 당신의 시간과 공간을 샅샅이 찾아보라.

미지의 세계를 믿어라.
그것은 당연히 거기에 존재한다.
여러 곳에서 살아보라.
꽃과 음악, 책과 그림, 그리고 조각과 함께 살아가라.

당신 시간을 기록하라.
잘 읽는 법을 배워라. 잘 듣고 말하는 법을 배워라.

당신이 사는 나라,
당신이 존재하는 세상,
당신의 역사에 대해 이해하고 익혀라.

당신 자신에 대해 잘 알아야 한다.
몸과 마음을 잘 돌보라.
당신은 당신 자신에게 빚진 사람이다.

주변 사람들에게 친절하고 좋은 사람이 돼라.
그리고 이 모든 일을 다 하라.
열정을 가져라. 당신이 할 수 있는
모든 것을 다 던져주라.

기억하라. 바로 지금,
그 어느 때보다
가장 많은 시간이 당신 앞에 놓여 있다.

IF TODAY WERE THE LAST DAY OF MY LIFE⋯.

삶은
짧고
죽음은
길다

143

여러분의 시간은 한정되어 있습니다.
그러니 남의 인생을 살며 시간을 낭비하지 마십시오.
다른 사람들이 생각한 결과에 따라 살아야 한다는
세상의 정의에 현혹되지 마십시오.
다른 사람의 의견 때문에
내면의 목소리가 묻히는 일이 없도록 하십시오.
그리고 무엇보다 중요한 것은,
마음 가는 대로, 직관이 향하는 대로 따라 가십시오.
여러분의 마음과 직관은
여러분이 진정 이루고 싶은 것이 무엇인지 이미 알고 있습니다.
다른 것은 모두 부차적일 뿐입니다.

스티브 잡스, <스탠포드 대학교 졸업 연설> 중에서

한 노인이 죽음을 앞두고 홀로 침대에 누워 있다.
그는 침대 주변에 한 무리의 사람들이 몰려온 걸 보고 눈을 뜬다.
그들의 얼굴은 사랑스럽지만
안타까운 표정이다.
노인은 착잡한 심정으로 엷은 미소를 지으며
낮은 음성으로 말을 건넨다.

"어릴 적 친구들이 작별인사를 하러 왔구먼. 참 고맙네!"

그들 중 체격이 제일 큰 사람이 가까이 다가가
노인의 손을 살며시 잡고서 대답한다.

"그렇지.
 우린 자네의 둘도 없는 오랜 친구라네."

하지만 오래 전에 자네가 우리를 버렸어.
우리는 자네의 청춘이 못다 이룬 약속이야.
우리는 실현하지 못한 소망이자
꿈이며
계획들이지.

한 때 자네가 가슴 깊이 느꼈지만,
결코 애써 추구하고 성취하지 않았던 것 말일세.

우리는,
자네가 결코 갈고 닦은 적 없는 독특한 재능들이야.

그리고

자네가 절대로 발견한 적 없는
특별한 능력이기도 하지.

오랜 친구,
우리는 자네를 위로하러 온 게 아니라
자네와 함께 세상을 떠나려고 온 것이라네.

5년… 260주… 1,820일… 2,620,800분

Where will you be five years from today?

옮긴이의 말

> 내가 인간의 여러 언어와
> 천사의 언어로 말한다 하여도
> 나에게 사랑이 없으면 나는
> 요란한 징이나 소란한 꽹과리에
> 지나지 않습니다.
>
> **코린토 1서 13:1**

약 10년 전, 어느 역자 후기에서 위의 구절을 마지막에 쓴 적이 있다.
5년, 그리고 또 5년을 지나 다시 돌아온 지금,
생각을 거듭해보아도 내 삶의 여정에서
어떤 파도나 어울림 앞에서도 기억해야 할 메시지는
다시 이것이어야 한다는 강렬한 느낌이 든다.

앙드레 지드의 말처럼,
완전한 소유란 내 것을 내어줌으로써 확실해지며
내 것을 내어줄 수 없는 사람에게 남는 건
단지 자기 자신뿐이다.

그러니 '사랑'은 나를 세상으로 확장시켜
더 많이 보고, 느끼고, 얻을 수 있게 해주고,
무엇보다 나를 가장 충만하고 완전하게 살게 해주는
원리임을 또 한 번 새긴다.

앞으로 5년 후에도,
다시 5년 후에도 변치 않을 이 가치를 당신도,
나도 이미 알고 있으니,
삶은 참으로
그 갈 길을 원래부터 잘 알고 있었던 것인가.

2015년 10월
주민아

파이브

1판 1쇄 발행 2015년 10월 15일		지은이	댄 자드라
1판 35쇄 발행 2023년 11월 15일		옮긴이	주민아
		발행인	강선영 · 조민정
		펴낸곳	(주)앵글북스

주소	03174 서울시 종로구 사직로8길 34 경희궁의 아침 3단지 오피스텔 407호
전화	02-6261-2015
팩스	02-6367-2020
메일	contact.anglebooks@gmail.com

한국어판 © (주)앵글북스, 2015. Printed in Seoul, Korea.
ISBN 979-11-956149-0-5 03320

✱ 감사의 말 & 일러두기

이 책에 나온 모든 인용문은 지난 수년 동안 여러 친구나 지인들이 애정을 갖고서, 하지만 학술적 체계 없이 모으거나 기고한 것이다. 일부는 종이 스크랩 형태로 정리한 파일 안에 남아 있었다. 따라서 그 문구가 불완전하며 출처도 확실하지 않은 경우도 있다. 여러 저자와 기고자, 그리고 원본 자료 소유자께 깊은 감사와 사과를 드린다.
편집자 일동